まるごとわかる 遺言と生前贈与

弁護士
國部 徹［監修］

自由国民社

はじめに

相続に関する多くの本は、相続する側に視点を当てていますが、この本は、相続させる側が自分の思い通りに相続させることをテーマとしています。

現在、遺言書を残す人が増えたとはいえ、まだまだ生前贈与や遺言を作成せずに亡くなる人が多く、相続のほとんどは民法に規定のある法定相続によっています。法定相続は、相続人が妻と子だとすると、妻が全遺産の２分の１、子が２分１（子が数人いれば均等に分ける）を相続するというものです。この規定の善し悪しは別として、釈然としないものを感じている人もいるでしょう。苦労して築いた財産、できれば、自分の思うように渡したいものだと…。

財産を渡す人が、自分の思い通りにしたいという理由はさまざまでしょう。苦労をかけた妻に全財産を渡したい、自分の事業の後継者に事業関連の財産は渡したい、障害者の子のことが心配だから少しでも多く財産を残してあげたいなど、それこそ枚挙にいとまがありません。しかし、現実には生前贈与や遺言をすることが苦労だと思ったり、そうしたことをするとかえって争いにならないかと心配し、二の足を踏まれている人も多いことでしょう。

財産を相続などで誰に渡すかは、自分の人生の最後の仕事だと考えてください。今までは、争いがないように生前贈与や遺言書を作成するという考えが主流だったようですが、これからは、苦労して築いた財産、最後には最大限有効に使う、という気概を持ちたいものです。

なお、自分の思いどおりに財産を渡す方法には、贈与（生前贈与、死因贈与）、遺言書による相続（あるいは遺贈）があります。本書は、財産を思いどおりに譲りたい理由ごとに、その手段について解説したものです。

今回の改訂では、相続法の改正に関連する記述を改めています。

監修者　弁護士　國部　徹

もくじ

第2章

生前贈与で思い通りに財産を渡すにはどうすればよいのですか

◎生前贈与についての考え方から、活用したほうがよいケース・手続きまで

第3章

遺言で思い通りに財産を渡すにはどうすればいいですか

◎遺言書の作り方の種類から、上手な書き方・保管のしかた・実行のさせ方まで

第4章

自分の思いどおりに遺産を渡す遺言はどのように書けばいいのですか

◎心配ごとの解消、世話になった人へのお礼、負担つき遺贈の遺言の書き方

カバー・本文イラスト　山川　直人

巻頭グラフ

終活としての生前贈与・遺言書作成のすすめ

◎思い通りに財産を渡すことは最大の終活です

　最近、財産を譲り渡すことについて、思い通りに渡したいという人が増えています。贈与についてのデータはありませんが、遺言書作成については年々増加傾向です。こうした背景には、相続に対する関心の高まりと、家族を含む人間関係が複雑化しているためと思われます。

　終活への関心が高まり、“断捨離”の「捨」を実践している人が多くいるようです。これは、不要なものを捨てて身の回りの整理をすることのようですが、財産を処分するという意味では贈与や遺言を書くことと似たところもあります。是非、終活の一環として取り組んでみてください。

　なお、地震や台風に伴う大雨、感染症が多発する現在、老若男女を問わず生前贈与や遺言書の作成が必要な時代のようです。

財産を思い通りに渡すときの考え方と順序

財産の渡し方には、生前贈与・死因贈与、遺言による贈与（以下、遺贈）・相続があり、亡くなった人が生前になにもしていないと、財産は民法が規定する法定相続によって相続人に渡ることになります。それが嫌で自分の思い通りに財産を渡したいと思うなら、贈与をするか遺言書を作るかしかないのです。そのためには、誰に、どの遺産を、どのような方法で渡すのがベターかを考えることです。

ステップ1 まず、誰に渡したいかを考える

贈与や遺言をしようと思う動機は、大別すると、①心配事・悩みごとに対処するため、②世話になった人へのお礼のため、③自分の財産を有益に使ってもらうために分かれます。このうち多いのは、①の心配・悩みに対処するためです。

例えば、「妻の老後の生活が心配だ」、「相続人になれない内縁の妻の生活が心配だ」「子ども同士の仲が悪く遺産分割でケンカになりそうだ」、「事業の後継者に事業関連の財産を渡したい」、「親を虐待した子を推定相続人から廃除したい」など、さまざまな心配や悩みごと、さらには願望があります。

こうした動機から、まず、誰に財産を渡すかを決める必要があります。

ステップ2 つぎに、どの財産を渡すか考える

財産には現金や預貯金、不動産、株式、生命保険金、信託財産などさまざまなものがあります。どの財産を誰に渡すかは自由ですが、生活に困っている人や相続人になれない内縁の配偶者へ財産を渡す場合は、トラブルを避ける意味でも、現金がよいでしょう。また、個人事業の後継者に財産を渡したいときには事業関係の財産一切、株式会社なら持株を渡すことになります。

どの財産を渡すかは、上記にある財産を渡したいと思う動機の解消のために財産を渡すと考えればよいでしょう。したがって、誰に・どの財産を渡すかは、個々の財産の全てについて考えるのではなく、渡したいと思う財産について贈与や遺言をするとよいでしょう。

なお、財産を渡した場合、財産をもらった人にはもらった金額（不動産や株式などは評価額）に応じて贈与税や相続税がかかります）基礎控除以内なら非課税、特例控除もある）ので、渡す財産の評価額についても考慮してください。

ステップ3　いよいよ、贈与契約書や遺言書を作る

贈与契約には通常の贈与契約書、死因贈与契約書があり、遺言による場合は指定相続、遺贈があります。また、一定の財産を渡すかわりに財産を受けた人に一定の義務を負担をさせる負担付贈与というものがあります。例えば、１０００万円渡す代わりに認知症の妻の療養看護を頼む場合などです。この中から、どの方法で財産を思い通りに渡すかを決めなければなりません。

贈与契約は財産を渡したい旨をの意思表示をし、相手方の承諾により成立します。口約束でもできますが、後日のトラブルを防ぐためにに契約書を作るのがよいでしょう。負担付で贈与では、どのような負担をするか具体的に記載してください。負担を履行しないときは、契約を解除することができます。

遺言による場合は、遺言書を作成しなければなりません。これには自筆証書遺言、公正証書遺言などがあります。遺言書の作成では厳格な方式が求められ、自筆証書遺言の場合、遺言者がその全文、日付および氏名を自書（手書き）し、印を押さなければなりません（第３章参照）。遺言の内容をどう書くかについても考えなければなりません（第４章参照）この点、公正証書にすれば公証人が遺言者の話を聞いて遺言書を作り保管もしてくれますので、文章で悩むこともありません。負担付遺贈については、受遺者は放棄できますし、履行しない場合は相続人はい権の取消しを家庭裁判所に請求することがでいます。

関係人は遺言の取消しができます。

ステップ4　贈与契約の履行や遺言書の執行をする

贈与契約は、約束したものを渡せば（履行）それで完了です。死因贈与契約は贈与者の死亡によって効力が発生します。

遺言書については、亡くなった人（被相続人）の自筆証書遺言書を保管または発見した人は、家庭裁判所に申し立てて検認が必要です。その後、遺言書に遺言執行者の指定があればその者が遺言を執行し、遺言に指定がない場合は相続人あるいは利害関係人請求により家庭裁判所が選任した遺言執行者が執行をします。

※

以上、大変だ！と思われた方もいるでしょうが、重要と思うことについて生前贈与や遺言をし、後は法定相続に任せると考えるとさして難しくありません。

贈与契約書の文例と注意点

◎贈与契約書
　贈与は無償で財産を与える意思表示をし、相手方が受諾することで成立する契約です。
　口頭でも契約は成立しますが、書面によらない贈与は、履行が終わっていないものについては解除することができます。

贈与契約書

　贈与者○○○○（以下「甲」という。）と受贈者○○○○（以下「乙」という。）は、以下の通り贈与契約を締結した。
第１条　甲は乙に対し、現金○○○○円を贈与するものとし、乙はこれを承諾した。
第２条　甲は乙に対し、前条の贈与金を令和○年○月○日限り乙名義の下記の銀行口座に振り込む方法で譲り渡す。
　金融機関　○○銀行　支店名　□□支店
　口座の種類　普通預金　口座番号　○○○○○○○
　以上の通り契約が成立したので、本契約書２通を作成し、各自署名押印のうえ、各１通を保有する。
　令和○年○月○日
（甲）住所　○○県○○市○○丁目○番○号
氏名　○○　○○　㊞
（乙）住所　○○県○○市○○丁目○番○号
氏名　○○　○○　㊞

◎負担付贈与契約書
　負担付贈与は、贈与の際に相手方一定の義務を負担させるものです。負担によっては相手方が承諾せず、契約が成立しない場合もあります。

負担付贈与契約書

　贈与者○○○○（以下「甲」という。）と受贈者○○○○（以下「乙」という。）は、以下の通り贈与契約を締結した。
第１条　甲は乙にに対し、甲の所有する別紙物件目録記載の土地（以下、本件不動産」という。）を贈与することを約し、乙はこれを受諾した。
第２条　甲は乙に対し、本件不動産を令和○年○月○日までに引き渡し、かつ、その所有権移転登記手続を行う。所有権移転登記手続に伴う一切の費用は乙の負担とする。
第４条　乙は、本件不動産贈与を受けた負担として、甲に対し老人ホーム入所費用月々○○万円を支払わなければならい。
第５条　乙が前条の義務を履行しないときは、甲は本契約を解除できる。その場合、乙は、直ちに本件不動産を甲に引き渡し、所有権移転登記手続をしなければならない。所有権移転登記手続に伴う一切の費用は乙の負担とする。
　以上のとおり契約が成立したので、本契約書を２通作成し、自署名押印のうえ、各１通を保有する。
　令和○年○月○日
※（甲）（乙）の住所・氏名（略）上記贈与契約に同じ
※別紙物件目録（略）

▶贈与契約書・負担付贈与契約書・死因贈与契約書・負担付贈与契約書の例

◎死因贈与契約書
死因贈与契約は、契約は生前に行いますが贈与者の死亡によって効力が発生する贈与契約の一種です。遺言と異なり契約書にすると後で解除することばできません（書面でない場合は解除可別）。

死因贈与契約書

贈与者〇〇〇〇〇（以下「甲」という。）と、受贈者〇〇〇○｜以下「乙」という。）は、次の通り死因贈与契約を締結した。

第１条　甲は下記の土地（以下「本件土地」という。）を乙に贈与することを約し、乙はこれを承諾した。

所在：　　　　　　　　　地番：

地目：　　　　　　　　　地積：　　　　　㎡

第２条　前条の贈与は、甲が死亡したとき効力を生じ、同時に本件土地の所有権は当然に乙に移転する。

第３条　甲及び乙は、本件土地について乙のため所有権移転請求権保全の仮登記手続を行うものとするる。仮登記申請手続は乙が行い、手続費用の一切を負担する。

第４条　甲は、下記の者を執行者に指定する。

住所

氏名　　　　　　　　　生年月日

以上のとおり契約が成立したことを証するだめ、本契約書２通を作成し、各自署名押印のうえ、各１通を保有する。

令和〇年〇月〇日

※（甲）（乙）の住所・氏名・印（略）前ページ贈与契約に同じ

◎負担付死因贈与契約書
死因贈与契約において、相手方に一定の負担をさせるものです。
本書式例は死亡までの金銭や療養看護を内容とするもの死亡時に贈与するというものですが、ペットの面倒を見ることを条件に、死亡時に金銭の贈与をおこなう場合もあります。

負担付死因贈与契約書

贈与者〇〇〇〇（以下、「甲」という。）と受贈者〇〇〇〇（以下、「乙」という。）は、次の通り贈与契約を締結する。

第１条　甲が乙に対して、別紙目録に記載する土地、建物を贈与することを約し、乙はこれを承諾した。

第２条　乙は、本契約成立後、下記の負担を履行する。

（1）甲に対し毎月金〇〇〇円を贈与する。

（2）甲の病気の療養看護につとめる。

第３条　本件贈与の効力は、甲の死亡によって当然に生じ、物件の所有権はその時点で乙に移転する。

第４条　乙が第２条の負担を履行しないときは甲はこの契約を解除することができる。

以上のとおり契約が成立したことを証するため、本契約書２通を作成し、各自署名押印のうえ、その１通を保有する。

令和〇年〇月〇日

※（甲）（乙）の住所・氏名・印（略）前ページの贈与契約じ
※別紙目録（略）

自分が書く遺言書（自筆証書遺言）の書き方と注意点

遺　言　書

1．私は、私の没後、私の深く愛する家族が幸福に栄えることを願い、以下のとおり遺言する。…………

令和○○年4月8日

遺言者　甲野太郎　（甲野）

◎止めの文

形式をととのえるために書かれることも多いですが、省略できます。

◎日付

日付は絶対に必要な項目です。「○月吉日」「春の良き日に」などと特定できない書き方はだめで、「日」まで明瞭に書きます。

同じ内容を横書きで書いてもOKです。

署名に付して住所と「遺言者」の表記を確認的に入れる例もありますす。必ず必要なものではありません。

以上、全文を自書し、左に署名押印する。

令和○年四月八日

遺言者　東京都新宿区○○一丁目三番二号

甲野太郎

（甲野）

◎署名と押印

絶対に欠かすことのできない署名と押印です。署名はもちろん自筆でします。姓が明らかだからと名だけ書いてはいけません。押印は実印（印鑑証明のとれる登録印）でなくてもよく、認印で足ります。

遺言書が複数枚にわたるとき

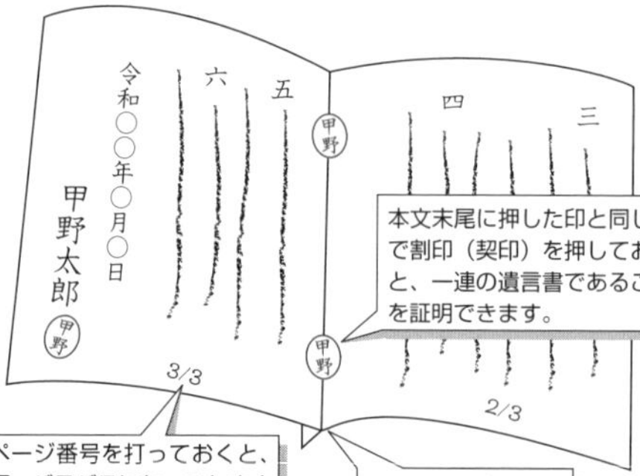

本文末尾に押した印と同じ印で割印（契印）を押しておくと、一連の遺言書であることを証明できます。

ページ番号を打っておくと、万一バラバラになってもすぐにつながりがわかります。これも自筆で書いてください。

ホチキスで止めたり、袋とじにしておくとよいでしょう。

・用紙は便せんなどが普通ですが、法律的にはわら半紙でもノートを破ったような紙でもOKです。
・筆記用具にも制限なし。万年筆、ボールペン、筆による墨書など。鉛筆書きは不適。
・財産目録を別に添付する場合、パソコン作成のものでもかまいません（各ページに署名押印）。預金通帳はコピー可。

▶自筆証書遺言は必ず全文を自筆で書かなければなりません（別紙目録だけは例外）。

遺言書

私 甲野太郎は、私の没後、深く愛する家族が幸せに栄えることを願いつつ、次のとおり遺言を記す。

一、一郎と次郎の兄弟は仲良くし、母への孝養をおろそかにせず、何事も母を立てながらよく話し合って進めていくこと。

二、妻花子には、次のものを相続させる。

① 東京都新宿区○○一丁目三番地所在、地番同町二番五
宅地 ○○平方メートル

② 同所所在、家屋番号一番、居宅一棟

③ ○○銀行定期預金、預入れ元金○○万円及び利息
○○支店（口座番号×××××）

④ 右①の土地及び②の建物内にある動産類の一切

三、長男一郎には、次のものを相続させる。

① ○○銀行定期預金、預入れ元金□□万円及び利息
□□支店（口座番号×××××）

② △△銀行△△支店普通預金口座（口座番号××××××）の預金

② ××株式会社株式、○○○株

四、次男次郎には、次のものを相続させる。

① △△銀行定期預金、預入れ元金○○万円及び利息
△△支店（口座番号×××××）

五、甲野家の祭祀は長男一郎が主宰するものとする。長男一郎の相続分を次男一郎の相続分より多く定めたのは、これにより祖先の祭祀の費用をまかなうものとしたためである。

六、遺言執行者として、弁護士 乙原春夫氏（東京都港区○○三丁目二番一号 乙原法律事務所）を選任する。

◎表題
表題は、必ず必要なものではありませんが、あった方がわかりやすくていいでしょう。

◎前書きと教訓条項
法律的には意味のない前書きと教訓条項の例です。形式をととのえるために書くことも多いのですが、省略してもかまいません。

◎不動産の表示
不動産は、法務局の登記簿や権利証などに記載されたとおりの地番や家屋番号で書く方が明確に特定されます（住所表示とは異なるものです）。相続後の登記の移転申請も、この地番・家屋番号ですることになります。

◎預金口座の表示
銀行預金や証券取引きなどは、金融機関名・支店名・口座番号まで書いておくと、相続人の処理が楽です。

◎動産類の表示
値段の安い動産類は逐一書かなくても、このようにまとめて書くことで記載を省略できます。

◎祭祀承継者の指定
祖先への祀り事や墓所の管理などを誰が行なうかを定め、そのための費用は、多めに継がせた長男の相続分から出すべきことも記してあります。

◎遺言執行者の指定
遺言の内容が確実に実行されるために必要と思えば、遺言執行者を指定しておくことができます。

【ケース別】自分の思い通りに財産を渡す方法

	財産を渡したい人&理由	財産を渡す方法	
1	妻に全遺産を残したいとき	生前贈与⇒財産の贈与 遺言をする⇒全財産を妻に相続させる旨の遺言	遺留分に注意。他の相続人が遺留分の侵害額請求をしなければOK。また、配偶者が再婚することがあることも考慮⇒36ページ参照
2	後妻と先妻の子がいるとき	生前贈与⇒財産の贈与 遺言をする⇒先妻の子に多く相続させる旨などの遺言	後妻の相続分は後妻が死亡すればその子に行く。結果として先妻の子より多く相続する。
3	婚姻外の子（婚外子）がいるとき	生前贈与⇒財産の贈与 遺言をする⇒認知する旨および相続分などを指定した遺言	婚姻外の子は認知すれば相続人となる。認知された子（婚外子）の相続分は嫡出子と同じ⇒94ページ参照
4	障害者の子に生活に困らないよう遺産を残してあげたいとき	生前贈与⇒障害者の子への贈与 遺言をする⇒障害のある子に多く相続させる旨などの遺言	信託にして月々に一定額を渡すなどの方法もある。遺留分も考慮する⇒143ページ参照
5	後継者に事業承継させたいとき（株式会社の場合）	生前贈与をする⇒株式の贈与 遺言をする⇒株式の相続	どういう事業で、どのような資産を承継させるかに注意⇒90ページ参照
6	後継者に事業承継させたいとき（農業や個人商店の場合）	生前贈与⇒財産の贈与 遺言をする⇒法定相続分に加えて遺贈する旨などの遺言	事業を助けた人には寄与分もある。寄与分として割合や金額を指定しておくのもよい⇒86ページ参照
7	これまで子に与えた分が異なり不公平を是正したいとき	生前贈与⇒少ない人へ贈与 遺言をする⇒贈与額が少ない相続人に多く相続させる旨の遺言	不満が出ないように、渡す資産の額には注意する⇒151ページ参照
8	ある相続人に財産を残したくないとき	生前対策⇒相続人廃除の手続き 遺言をする⇒理由を付して相続人廃除及び遺言執行者の指定	相続欠格事由に該当すれば相続はできない。相続廃除事由は明確にしておく⇒44、161ページ参照

※財産を渡す方法には生前贈与、死因贈与、遺言により遺贈があります。

	財産を渡したい人&理由	財産を渡す方法	
9	借金が多くて、死後、相続人に相続放棄をしてもらいたいとき	遺言をする⇒相続放棄をするようにとの遺言（効力はないがメッセージの効果はある）	遺言書に「相続放棄をせよ」と書いても効力はないが、遺言書が無効とはならない⇒162ページ参照
10	一人暮らしで配偶者や子・親もいないとき	生前契約⇒「死亡したらあげる」という死因贈与契約をする 遺言をする⇒遺贈（寄付含む）	相続人および特別縁故者がいなければ遺産は国のものになる⇒50ページ参照
11	相続人以外の人に財産を死後にあげたいとき	生前契約⇒生前に直接贈与、「死んだらあげる」旨の死因贈与契約をする⇒遺贈する旨の遺言	愛人などへの贈与もできるが、公序良俗違反とした例もある⇒98ページ参照
12	上手に資産を承継させて税金をできるだけ少なくしたいとき	生前贈与⇒非課税の枠を活用 遺言をする⇒特例による非課税枠を活用	多くの場合、基礎控除があり相続税を払うことはない。相続税が発生しそうなときは、専門家（税理士）に相談⇒96ページ参照

【思いどおりに相続させる方法】

法律上、自分の財産を思いどおりに相続させる方法には以下のものがあります。

■生前贈与　生前贈与は、文字どおり生きているうちに財産を渡す（贈与する）ことです。生前贈与には不動産や物（動産）のように現物を渡す方法と現金で渡す方法などがあります。

生前贈与で肝心なことは、一度贈与してしまうと、当然ですが、それだけ自分の財産が減るということです。このことは、老後のための財産が少なくなることを意味します。老後にどの程度の財産が必要かは、その人の寿命にもよりますので定かにはわかりませんが、月々の生活費および収入を検討し慎重に決めるべきでしょう。なお、贈与税対策を忘れないようにしてください。

■遺言による相続　遺言による相続では、遺産分割は遺言した人の死後のことであり、遺言どおりに相続されたかどうかを知る術はありません。遺言が形式不備で無効だったり、遺言書を紛失したり、破棄されたり、遺言どおりに相続されないこともあります。こうしたことを避けるには、公正証書遺言や法務局の保管制度の活用（令和2年7月10日スタート）をするとよいでしょう。

また、法律上は10年も前にした遺言でも有効です。しかし、現実には、本人の気持も変わっていたり、財産の状況、相続人の状況も変わります。遺言は、適宜に書き換える努力も必要です。

■死因贈与と遺贈　死因贈与契約は、「私が死んだら○○をあげる」という約束（契約）です。通常の贈与契約と同じく口頭でも契約は成立しますが、書面によらない贈与契約は、履行が終わるまではいつでも撤回できます。

遺贈は相続人以外の人に遺言で贈与することです（相続人に法定相続分を超えるものを与える場合も含みます）。死因贈与との違いは契約ではないことで、受取人の承諾なしに効力を生じます（受取人が受け取りたくなければ、相続と同じく「放棄」をすることになります）。遺贈をするときは、相続人とのトラブルを避ける配慮が肝要です。

絵で見てわかる　本書を読む前に知っておきたい

生前贈与に関する法律用語

※生前贈与は、生きているうちに財産を無償で渡すことです。

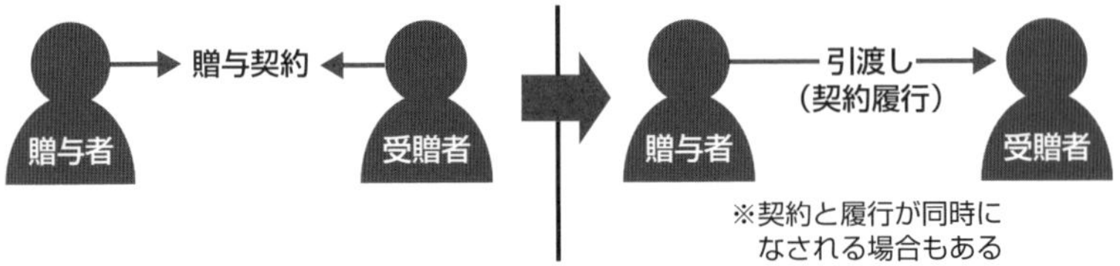

贈与者・受贈者⇒無償で自分の財産をあげる人を贈与者、もらう人を受贈者といいます。
贈与契約　自分の財産をただであげる約束。「あげます」（申込み）と「もらいます」（申込みの受諾）だけで契約は成立しますが、書面にしていないと、争いになったら証明できません。
契約の履行　約束を実行すること。贈与は引渡しで履行が完了します。口約束だけの贈与契約は履行が終わるまでは取消しができます。

死因贈与に関する法律用語

※死因贈与は、生前の契約で、贈与者が死亡した場合に財産を無償で渡すことです。

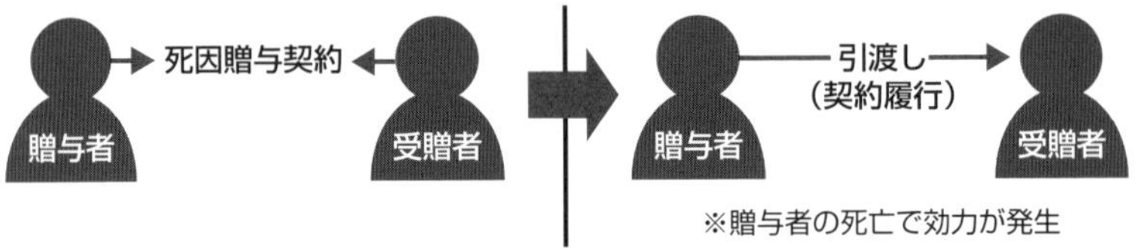

死因贈与⇒贈与者が死亡した場合に贈与者の財産をただであげることです
死因贈与契約　⇒死因贈与を約束する契約ですが、口頭での契約だと生きている間はいつでも取り消すことができます。財産をあげる人を贈与者、もらう人を受贈者といいます。

相続（法定相続）に関する法律用語

※遺言が残されていない場合、相続は民法の定めにしたがってなされます。

被相続人⇒財産を相続させる人、つまり死亡した人のことです。

生前贈与・相続関連の法律用語

相続人⇒死亡した人の財産を、法律で決められたとおりに相続する権利のある人のことです。相続人は配偶者（夫婦の相方）と血族です。

相続人の順位⇒配偶者は常に相続人となります。血族は、①子（子が死んでいて孫がいる場合は孫が代襲相続人）が最優先の相続人となり、②子や孫がいないときには、父母や祖父母などの直系尊属が相続人になり、③子も直系尊属もいなければ兄弟姉妹が相続人となります。

推定相続人⇒被相続人が死亡すれば相続人になれる人のことです。

法定相続分⇒法律で定められた各相続人が相続できる財産の割合。配偶者と子の相続では、法定相続分は、配偶者＝２分の１、子＝２分の１（子が数人いれば子の相続分の２分の１を平等に分けます）。

特別受益（者）⇒遺贈された財産、または婚姻・養子縁組のためや生計の資本として贈与を受けた財産のこと。遺贈または贈与を受けた人を特別受益者といいます。相続時の遺産に加えて相続分を計算します。

遺産分割⇒相続が発生したあと、個々の遺産を具体的に各相続人に分けること。相続人の全員参加が必要で、その全員の合意によって協議は成立し、遺産分割協議書が作成されます。

寄与分⇒労務の提供や被相続人の療養看護などによって相続財産の増加または維持に特別の寄与をした人が相続人の中にいるときは、その人の相続分にプラスして寄与分が与えられます。

遺留分（侵害）⇒全然相続させないような遺言があっても相続人が最低限受け取れる遺産の一定割合。

遺言に関する法律用語

※遺言がある場合、原則として遺言の内容にしたがった相続となります。

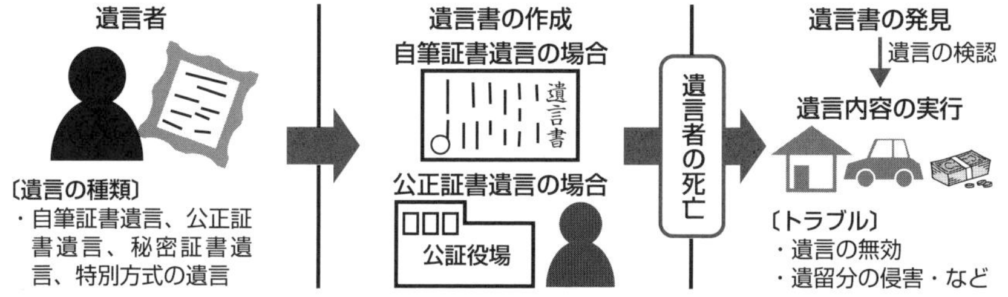

遺言書⇒死後の自分の財産の処分について記載した書面です。専門家は「いごんしょ」と読みます。

自筆証書遺言　遺言の全文、作成日付、氏名を遺言の作成者自身が自書し、署名の後に押印する形式でする遺言のことです。

公正証書遺言　遺言者の依頼により、公証人が一定の手続きにより作成した遺言のことです。

指定相続分　遺言で指定された各相続人に相続させる財産の割合のことです。

遺留分侵害　相続人には、まったく遺産を渡さない旨の遺言があっても必ず受け取れる最低の割合があります。この最低限の分を遺留分といい、これに満たない相続人は他の相続人等に対して遺留分の侵害額を請求できます。

遺贈⇒遺言で相続人や相続人以外の第三者に贈与することをいいます。

第1章

財産を思い通りに渡すには
どういう方法があるのですか

◎生前贈与、死因贈与、遺贈、遺言による相続、法定相続

財産を自分の思いどおりに残す方法は、遺言だけと思っている人が多いでしょう。しかし、その他にも、贈与という方法があります。そして、一口に贈与といっても、生前贈与、死因贈与、遺言による遺贈という種類があります。

あなたが何も相続対策をしなければ、民法の規定による法定相続となります。この法定相続では不満、あるいはトラブルとなる心配がある、財産を生前（目の黒いうち）に渡したい、などの場合には、いろいろな方法があることを理解したうえで対策を立てる必要があります。

相続は、もらう側にしても一生に何度もあることではありませんが、残す側にとっては財産を誰に、いくら残すかは一生に一度きりのことであり、人生のしめくくりとしての大仕事だと思ってください。

財産を思いどおりに渡す方法と手続き

【生前贈与】

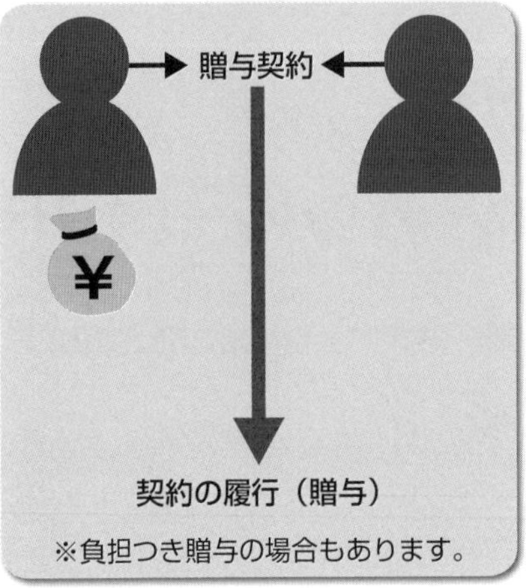

【メリット】

財産を渡すには最も確実な方法で、生きているうちに贈与されたことが確認できます。また、たとえば、妻のこれからの生活の面倒を見ることなどを条件（負担つき）で、特定の子などに贈与をすることもできます。ただし、抽象的な表現でなく、具体的な条件をつけることです。

【デメリット】

財産を渡したら、原則、取り戻すことはできないので、老後の生活資金が少なくなります。また、財産を贈与してしまえば、子などの相続人からないがしろにされないとも限りません。相続税よりも高い贈与税もかかってきます。

【死因贈与】

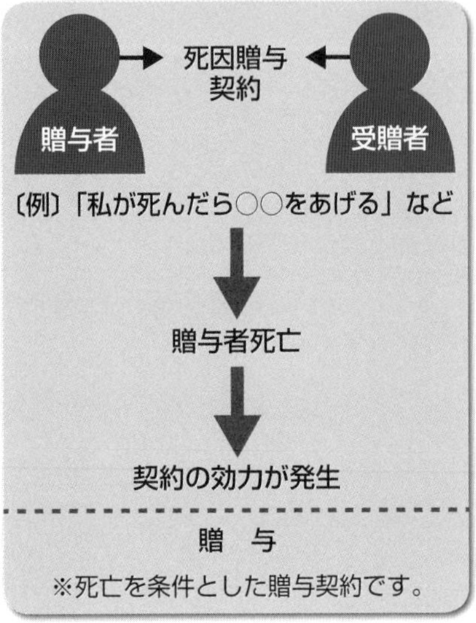

【メリット】

契約は口頭でも成立しますので、一定の形式を有効要件とする遺言に書くなどの面倒がありません。ただし、通常は証拠のために契約書を作成します。

また、契約なので、履行される確実性が高いのです。

【デメリット】

口頭の契約（約束）では、契約の履行が贈与者の死亡後のことであり、契約があったことの立証が困難です。

婚姻外女性（愛人）への贈与では、公序良俗違反が問題となることがあります。また、遺留分（34ページ参照）を侵害した場合、相続人から遺留分侵害額請求がなされる場合があります。

※何もしないと法定相続（24ページ参照）となります。

【遺言による相続】

遺言者 → 遺言書の作成

・自筆証書遺言　（116ページ参照）
・公正証書遺言　（118ページ参照）
・秘密証書遺言　（110ページ参照）
・特別方式の遺言（110ページ参照）

↓

遺言者死亡

↓

遺言の効力の発生

原則として、遺言どおりに相続

※遺言は、一定の方式が法律により要求されている。

【メリット】

財産を死ぬまで自由にでき、死後、思いどおりに財産を相続させることができます。病床で字が書けないときなどには、公証人に来てもらい、公正証書遺言を作成することができます。

【デメリット】

自筆証書遺言は、民法が定める一定の方式でないと無効となります。また、公正証書遺言は、書換えのたびに公証人に頼めば、費用も行く手間もかかります（自筆証書遺言を新たに作ってもよい）。

なお、自筆証書遺言では、遺言状が発見されなかったり、破り捨てられたりするおそれがあります。さらに、相続人間の話し合いにより、必ずしも、遺言どおりに相続されない場合もあるようです。

【遺言による贈与（遺贈）】

遺言者 → 遺言書の作成

・自筆証書遺言　（116ページ参照）
・公正証書遺言　（118ページ参照）
・秘密証書遺言　（110ページ参照）
・特別方式の遺言（110ページ参照）
※遺言内容に贈与部分がある

↓

遺言者死亡

↓

遺言の効力の発生

原則として、遺言どおりに贈与

※遺言は、一定の方式が法律により要求されている。

【メリット】

財産を死ぬまで自由にでき、死後、思いどおりに財産を贈与できます。相続人以外の人へ遺産を渡すこともできます。また、公正証書遺言にしたいなら、「○○に○○を贈与する」旨の条項を入れた遺言書を作成してもらうとよいでしょう。

【デメリット】

法律が定める一定の方式でないと、贈与するという遺言自体が無効となります。

また、自筆証書遺言では、遺言書が発見されなかったり、破り捨てられたりするおそれがあります。

さらに、贈与額が遺留分を侵害している場合は、相続人から遺留分侵害額請求がなされる場合があります。

財産を譲る準備をしたいのですがどうすればよいのですか？

1 財産を譲りたい理由が何かを明確にし譲る財産・方法などを考えます。

私は今年70歳になる退職者ですが、先日、息子の１人に「もう、親父も歳なんだから、相続のことも考えてくれよ」と　言われました。なにをどう考えたらよいのですか。

相続については法律に規定があり、何もしなければ死亡した時点で、民法という法律が定める規定により相続人に財産が相続されます。これを**法定相続**といいます。したがって、法定相続でよいというのであれば、放っておけばよいのです。しかし、さまざまな事情で法定相続よりも自分の思いどおりに財産を渡したいという場合があるでしょう。そうした場合には、放っておかずに対策を立てることになります。

さまざまな事情って、どんなことですか。

それこそさまざまです。同居している子に家を譲りたいとか、認知していない婚姻外の子がいて財産の一部を渡したいとか…。また、最近は子もなく配偶者もない一人暮らしが増えているそうですが、こうした人は、なにも対策を立てなければ、それこそ一度も会ったことのない甥や姪に相続されたりします。相続人が誰もいなければ、老後の世話をしてくれたような「**特《とく》別《べつ》縁《えん》故《こ》者《しゃ》**」に財産の分与がなされることもありますが、特別縁故者もいなければ、ぜんぶ国のものになってしまいます。

　個々人には、こうしたさまざまな理由が必ずといっていいほどあるのです。

それでは、全員が相続対策を考えることになりますが…。

現状では必ずしもそうではありません。亡くなった人がなにもしなかったというケースが多く、この場合は法定相続により相続がなされています。たとえば、相続対策として**遺言**がありますが、遺言書を書いて亡くなった人はそう多くはありません。

【財産をどう渡すかについての考え方】

①法定相続でよい
　⇒何もしなくてよい
②生きているうちに財産を渡したい
　⇒生前贈与
③死亡したときに渡すことを条件に贈与契約をする
　⇒死因贈与
④死んだ後に思いどおりに財産を渡したい
　⇒遺言相続・遺贈

遺言が相続対策だとおっしゃいましたが、思いどおりに財産を渡す方法にはどのようなものがありますか。

時間的な流れの順に言いますと、まず、**生前贈与**です。生前贈与は財産を譲ろうとする人が生きているうちに財産を譲ることができます。家を建ててあげるなども贈与になります。次に、贈与には、死んだら財産をあげるという**死因贈与契約**というものもあります。最後に**遺言**です。遺言書は本人が生きているうちに作成しますが、財産が移るのは遺言者が亡くなった後です。

わかりましたが、どの方法をとれば一番よいのですか。

それこそ事情によります。たとえば、あなたが息子さんと同居していて、家だけは息子に渡したいと思えば、その旨の遺言を書けばよいでしょう。また、婚姻外の子（婚外子）に財産を渡したいというのであれば、生前贈与をするか、遺言書にその旨を書いておくことになるでしょう。こうした、さまざま事情による相続については、それぞれの項で解説していきます。

民法が規定する法定相続とはどういうものですか？

2 法定相続は財産を相続するときの考えの基本です。何もしないと法定相続となるからです。

法律は、財産の相続についてどのように定めていますか。

民法の相続編には相続人、相続分、遺産の分割などの法定相続についての規定および遺言についての規定などを置いています。**遺言がない場合、あるいは遺言があっても無効な場合には、法定相続となります。**つまり、法定相続は財産を誰がどう相続するかを考える上での基本なのです。

相続対策を考える上では、まず、法定相続について知っておく必要があるということですか。

そのとおりです。**法定相続でよいというのであれば、何もする必要はない**のです。また、相続する側も、法定相続であれば、法律の規定だから多少の不満はあっても納得するということもあります。しかし、財産の相続では、さまざまな事情があり、相続をさせる側としては、**自分の思いどおりに財産を渡したい**という場合もあるでしょう。**そうした場合には、遺言や贈与といった制度を活用する**ことになります。

法定相続の規定は、素人には理解できないほど難しそうですが…。

規定そのものは難しいとは思いませんが、実際の相続となると、婚姻外の子がいたり、財産の評価が難しかったりして、専門家の手助けが必要な場合もあります。また、相続税対策など、特例をどう活用するかで専門家の知識を必要とする問題もあります。

質問が元に戻りますが、法定相続の概要はどうなっているのですか。

民法の相続編の構成は、第１章「総則」、第２章「相続人」、第３章「相続の効力」、第４章「相続の承認および放棄」、第５章「財産分離」、第６章「相続人の不存在」、第７章「遺言」、第８章「遺留分」となっています。この他、平成30年の法改正で第９章「特別の寄与」が加わりました。

このうち、主に財産を譲る側に関係のある規定は、第２章の「相続人」、第３章の「相続の効力」、第７章の「遺言」についての規定です。

この他、「贈与」については別途、第３編「債権編」に規定があります。

【民法第５編相続の内容】

◎第１章「総則」⇒相続の開始時期や相続の権利が侵害された場合の相続回復請求権など

◎第２章「相続人」⇒誰が相続人になるかなど

◎第３章「相続の効力」⇒相続の一般的効力、相続分、寄与分、遺産分割の仕方など

◎第４章「相続の承認および放棄」⇒相続の承認・限定承認・相続放棄

◎第５章「財産分離」⇒財産分離の手続きなど

◎第６章「相続人の不存在」⇒相続財産法人の成立、特別縁故者への財産の分与など

◎第７章「遺言」⇒遺言の方式、遺言の効力、遺言の撤回など

◎第８章「遺留分」⇒遺留分の帰属および割合、遺留分侵害額請求など

◎第９章「特別の寄与」⇒特別寄与者の請求権

【民法第３編債権編】

◎第２章「契約」第２節「贈与」
(549条～554条)

◆法定相続の基本的なパターン（分数は法定相続分）

❶配偶者と子が相続する場合

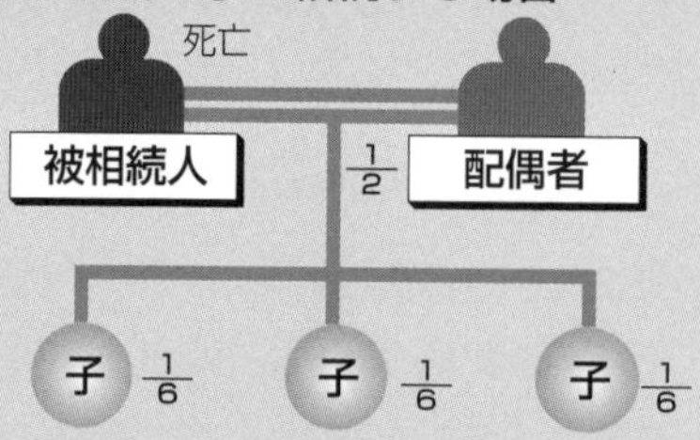

＊配偶者$\frac{1}{2}$、子は全員で$\frac{1}{2}$、各自$\frac{1}{2}\times\frac{1}{3}=\frac{1}{6}$
＊被相続人の父母、兄弟姉妹には相続権はない
＊配偶者が死亡していれば子が$\frac{1}{3}$ずつ相続する

❷配偶者と直系尊属（父母）が相続する場合

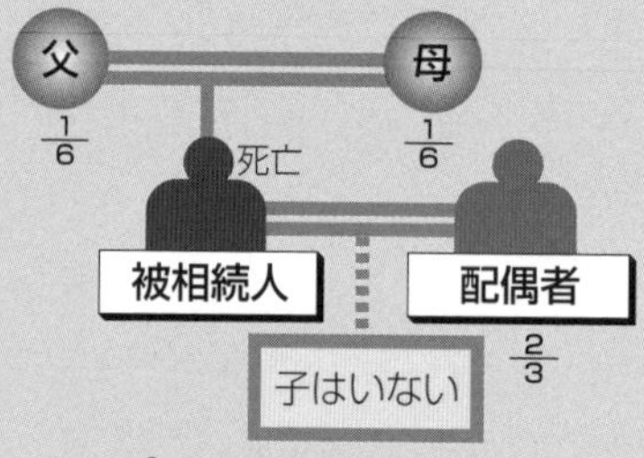

＊配偶者は$\frac{2}{3}$、父母は2人で$\frac{1}{3}$、各自$\frac{1}{3}\times\frac{1}{2}=\frac{1}{6}$
＊父母がすでに死亡で祖父母がいれば祖父母が各自$\frac{1}{6}$
＊兄弟姉妹に相続権はない
＊配偶者が死亡していれば父母が$\frac{1}{2}$ずつ

❸配偶者と兄弟姉妹が相続する場合

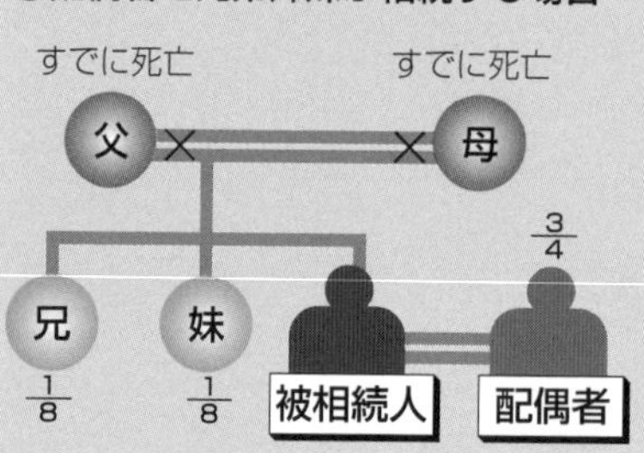

＊配偶者は$\frac{3}{4}$、兄弟姉妹は全員で$\frac{1}{4}$、各自$\frac{1}{4}\times\frac{1}{2}=\frac{1}{8}$
＊配偶者が死亡していれば兄弟姉妹が$\frac{1}{2}$ずつ相続

❹内縁の女性と子がいる場合

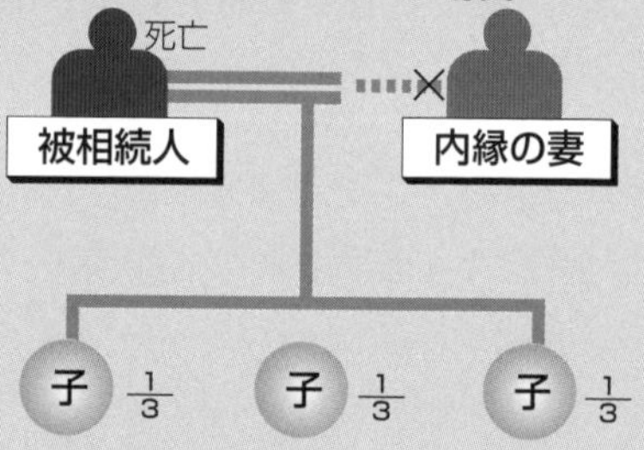

＊ 内縁の女性は相続人とならない。子が遺産のすべて（各自は$\frac{1}{3}$ずつ）を相続する（認知が必要）。

❺子の１人が死亡し孫がいた場合

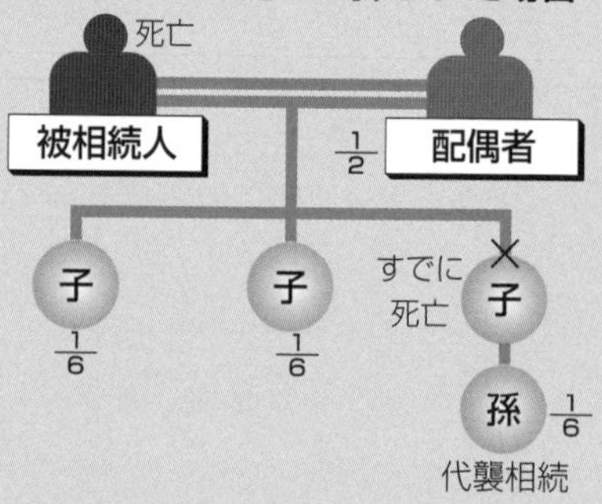

＊配偶者の$\frac{1}{2}$は変わらない。子は各自$\frac{1}{6}$ずつであり、子の一人が死亡していても、死亡した子の子（被相続人の孫）がいれば、その孫が子に代わって相続分を受け取る（代襲相続）。

❻子の１人が相続放棄した場合

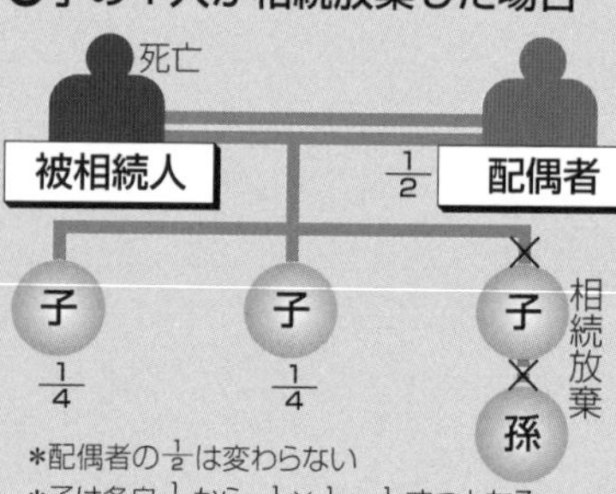

＊配偶者の$\frac{1}{2}$は変わらない
＊子は各自$\frac{1}{6}$から、$\frac{1}{2}\times\frac{1}{2}=\frac{1}{4}$ずつとなる。放棄した子の子（被相続人の孫）には代襲相続は生じない。

◆主な相続財産（遺産）

※財産目録に載せておきたいもの

相続財産の種類	財産目録に載せる内容など	そろえておく書類等
土地および建物	・所在、地積、建坪、用途（居住用など）、現況（更地、駐車場など）の他、物件を特定できる資料――賃貸物件は賃借人の氏名や賃料など賃貸条件 ・未登記の物件は、取得の経緯や未登記の理由を書いておく ・借地、借家の場合は、地主や家主の氏名、賃料などを書いておく	・登記簿謄本（登記事項証明書）と公図 ・登記済証（登記識別情報通知） ・固定資産税評価額など物件価格がわかるもの ・賃貸借契約書
農地・山林などその他の土地	・所在、地積など――賃貸物件は賃借人の住所氏名や賃料など賃貸条件	・登記簿謄本と公図 ・賃貸借契約書
預貯金 債券	・金融機関ごとに、定期性預金と普通預金などの流動性のものとに分け、それぞれの口座ごとに残高を記載する（定期預金は満期日や預入条件も書いておく） ・債券類は保護預りのものと無記名のもの（証券現物を所持）に分け、詳細を記載しておく	・預貯金の通帳類 ・使用する銀行印 ・無記名債券の現物
株式	・銘柄、株数など――売却に制限のある株式については、その旨も記載しておく	・株券または預り証
自動車	・車種、年式、ナンバーなどを記載（個人名義でも会社で使っているものは付記すること）	・車検証 ・自動車保険の証券
会員権（ゴルフ・ジム・レジャー施設など）	・相続が可能なもの（規約上、相続が認められている）のリスト――施設名、連絡先の他、購入価格や年会費など、わかる範囲で記載する	・会員権の証書 ・購入時の領収書など
動産（書画・骨董・宝石類など）	・高額なものは１点ずつ記載した方がいい	・保管証など
生命保険金	・保険会社ごと、保険ごとに、受取人、金額を記載	・保険証券など
特許権・実用新案権・意匠権・商標権・著作権	・できるだけ細かく記載すること（相続による移転登録をしないと相続人の権利が発生しない権利もあるので必ず記載のこと）――各権利ごとに存続期間があることに注意	・登録許可証など
貸金債権 売掛債権 労働債権など	・金額、利息、満期があるものは満期などを記載しておくこと――できれば1件ごとに記載しておくこと ★時効期間は次の通り改正されました。 「権利を行使できることを知ったときから５年」又は「権利を行使できるときから10年」で時効消滅する。 （注）令和２年３月までに発生した債権には、旧民法が適用され、時効期間も異なるので注意。	・借用書 ・売掛帳 ・給料明細など
裁判上の 損害賠償 請求権	・原告でも被告でも、民事裁判で係争中のものは記載のこと――債務不履行の請求権は10年又は5年、示談金や事故の後遺症、不法行為によるものは5年又は3年で時効になることに注意。また不法行為の時から20年間行使しない時も同様。	・訴状の控など
借入金など債務	・金額や利息、支払日など個々の取引ごとに詳しく記載しておくこと（たとえば住宅ローンのほか、消費者金融会社、カード会社からの借入金も）	・金銭消費貸借契約書の控など

＊株式会社、特例有限会社、合同会社など、いわゆる会社組織になっている場合、個人の財産と会社の財産と混同しないよう、キチッと分けて記載しておくことが必要です。

遺贈とはどういうことですか？

3 遺贈は、遺言によって、遺言者が死亡したときに贈与する方法です。

私の死後に、相続人以外の人に財産を渡したいのですが、「**遺贈**《いぞう》」という方法があると聞きました。遺贈とはどういうことですか。

簡単に言いますと、**遺言で自分の財産を特定の人に無償（＝タダ）で与えること**が遺贈です。遺贈は、遺言によりますから、財産の贈与を受ける人（受遺者）の承諾を必要とせず、遺言者の死亡によって受遺者に財産が与えられます。この財産を受遺者が受けたくなければ放棄できます。

相続人以外の者へ遺言で贈与することが、遺贈ということですか。

遺贈を受ける人（受遺者）は、相続人以外の人に限らず、相続人の場合もあります。これは特定の相続人に遺言によって法定相続の割合を超える割合で財産を渡す指定をしたような場合です。ただ、**相続人に財産を渡す場合には、一般的には「贈与する」ではなく、相続の方が税金が安い（相続は相続税、遺贈は贈与税）ことから、遺言書には「相続させる」とすることが多い**ようです。もっとも現在は「贈与する」としても相続税になりますが…。

相続人以外の人への遺贈は、どんなケースが考えられますか。

たとえば婚姻外の女性。愛人に限らず、入籍していない事実婚（内縁）の相手方に対して死後に財産を渡すには、相続権がないので遺贈をすることになります。相続人以外で世話になった人に対する場合も考えられます。こうした何らかの関係人（法人を含む）に限らず、誰にでも遺贈はできますが、遺言者が死亡したときに受遺者が現に生きていなければなりません

（例外は胎児で、胎児は遺贈を受けることができます）。

財産の全額を遺贈することもできるのですか。

できます。ただし、相続の場合と同様に、相続人が持つ**遺《い》留分《りゅうぶん》**（相続人に必ず残さなければならない一定の割合）を侵害すると、遺贈を受けた人が遺留分侵害額の請求《せいきゅう》（40ページ参照）をされることがあります。したがって、遺贈を受けた人と相続人がもめないように、遺言者は、相続人の遺留分を侵害しない範囲で遺贈をするとよいでしょう。

【遺贈のしくみ】

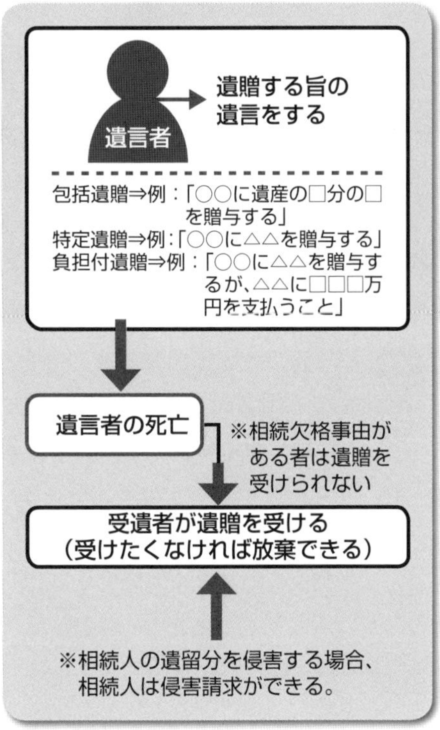

そのほかにも注意することはありますか。

遺贈には遺産の割合を示して遺贈する**包括《ほうかつ》遺《い》贈《ぞう》**と、特定の財産（ある建物一棟とか、現金○○万円など）を示して遺贈する**特定《とくてい》遺《い》贈《ぞう》**とがあります。遺産の割合しか示さない包括遺贈では、個々の財産についてはさらに分割の協議が必要となりますから、**相続人以外に対する遺贈では、特定遺贈とした方がよいでしょう。**

また、遺贈には、**負担つき遺贈**というものがあります。これは、遺言者が受遺者に遺産を与えるとともに、一定の負担を負わせるというものです。例えば、「Aに自分の居宅（土地と家屋）を与える。そのかわりに、AはBに200万円を払うように」などというものです。

自分の思いどおりに遺産を受け取らせることはできますか？

4 遺言で受取り方を指定できますが、「遺留分」の制約があります。

相続争いの話を耳にするたびに、わが家のことを考えると気が重くなります。身内での争いごとを防ぐ方法はないものでしょうか？

そう思われるのはもっともです。相続争いが一般のトラブルと異なるのは、一般の争いごとは権利が侵害されたり、契約違反が起きたりといったことが原因になりますが、相続は、相続権を持っている相続人が自分の権利を主張する――つまり権利どうしのぶつかり合いが原因ということです。ですから、相続人それぞれの権利がうまく調整されていれば、相続争いが起こる余地はなくなるんです。

でも、権利がぶつかりあうといっても、相続権は法律で決められていて、１人１人の相続分もはっきり決まっているんじゃないんですか？

おっしゃるとおりです。民法では、相続が開始した場合、相続人になる人の順位も、相続できる場合の相続分（遺産に対する割合）も決められています。でも、この規定が適用になるのは、遺産を残す被相続人が、自分でなにも決めずに亡くなった場合です。遺産は被相続人が自分で築き上げた財産ですから、生前でも、死んだ後でも、自由に処分することができるんですよ。

死んだ後でどうやって財産を処分できるんですか。おかしいですよ。

言い方が悪かったかな。要するに、**遺言書を作成して、自分の思いどおりに相続させることができる**ということです。

ふうむ。じゃあ、民法で決めてあるという相続分はどうなるんですか？

前にもちょっと言いましたが、わが国の相続のやり方は二本立てになっているんです。遺言による相続（**遺言の指定による「指定相続」**）と、**遺言がない場合の「法定相続」**です。遺言がある場合には、法定相続よりも遺言が優先するんですね。**民法で決められた法定相続分は、遺言がある場合には出番はないん**ですよ。

【相続争いを防ぐ遺言の方法】

1. 兄弟仲良く、相続争いは厳に慎むようにとのメッセージを残す。

⬇

法律的な効力はないが良識に訴える

2. 子どもたちの生活など総合的に考慮して、公平な相続分の指定をする。

⬇

・親の財産の形成や財産の維持増加に努めた者には寄与分を認める遺言を

・暴力を振るったり親を侮辱するような言動をする息子や非行の甚だしい娘には相続人から廃除する遺言を

3. 遺言者の意思が確実に実現されるように、公正で誠実な人を遺言執行者に指定する。

⬇

相続争いが起こらないように見守ってもらう

じゃあ、法定相続とは違った遺言をしてもいいんですね？

もちろんです。法定相続分は、親孝行の子どもも親に乱暴をはたらく子どもも、機械的に公平に、等分に分けなさいと決められているんです。しかし、これは、実質を考えれば公平とはいえません。そんなところから相続人どうしの不公平感が生じて、相続争いが起こりがちなんです。

親不孝な子どもには、１円もやらないような遺言もできるわけですね。

遺言をすることは自由ですし、相続人がその遺言に従うことも自由です。ただし、１円ももらえない子どもは、さすがに不満に思うでしょうし、生活設計も狂います。それで、**１円もやらないという遺言があっても、これだけは受け取れるという割合が民法に決められていて、これは遺言によってもナシにすることはできません**。これが前にもちょっと触れた「**遺留分《いりゅうぶん》**」です。

遺言をすれば、必ず思いどおりに遺産を渡せるのですか？

5 「遺留分」を侵害しない範囲では、自由に遺産を配分できます。

私は市内にスーパーの店舗を３軒出し経営をしています。妻には先立たれましたが、３人の子に恵まれました。長男は東京でサラリーマンをし、次男が店を手伝っています。長女は他家に嫁いでいます。私も高齢で病気がちなので、私の亡き後に相続トラブルが起こらないよう、次男に経営を任せるようにしておきたいのですが、遺言でできますか？

スーパーの店舗以外に財産があればいいのですが、それだけが主な財産だとすると、他の子どもとの間で争いになる心配があります。他の子どもたちには「**遺留分**《いりゅうぶん》」という権利があるからです。

それは、いったいどんな権利なんですか？

被相続人（亡くなった人）に財産の処分を無制限に認めると、被相続人の亡くなったあとで生活に困る者も出てきますので、**一定範囲の遺族には必ず遺産のうちの一定割合を残さなければならないようにしたもの**が「遺留分」です。遺言によって遺留分を侵害するような相続のしかたを決めても、遺留分の権利を持つ相続人は、侵害された分の価額を請求できます。

その「遺留分」というのは、遺産のうちのどれくらいですか？

誰が相続人かで割合が異なります。**配偶者（夫婦の相方）、子ども、孫などが相続人の場合には、全員まとめて遺産全体の２分の１。配偶者も子どももいなくて親だけが相続人の場合には３分の１**です。**兄弟姉妹が相続人の場合には遺留分は認められません。**相続人が複数いる場合には、全体としての遺留分を、各人の法定相続分の割合に従って振り分けることになり

ます。

ここまで苦労して作り上げた店を、なんとかして次男に譲って任せたいのですが、よい方法はありませんか？

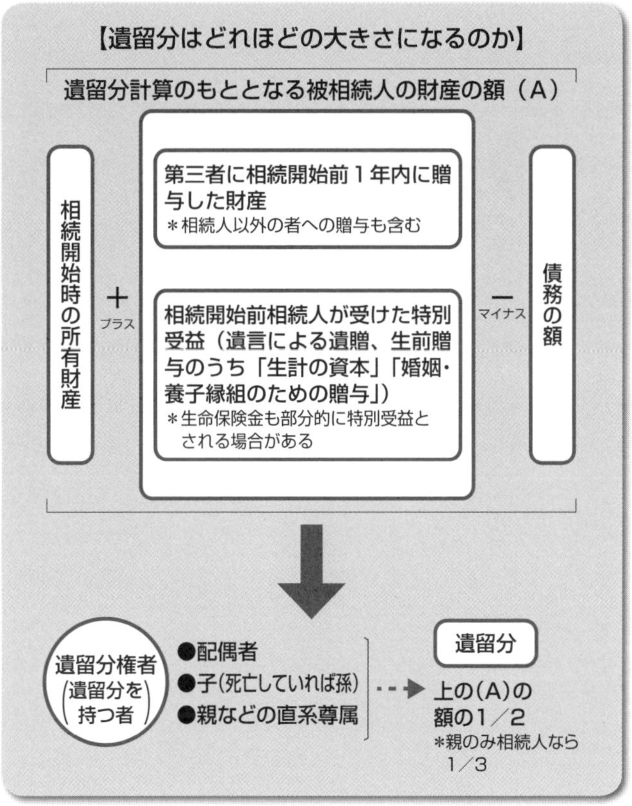

遺留分に見合うだけの店舗以外の財産があれば、他の子どもには、その財産を渡すことで解決できます。遺留分に見合うほど他の財産がなければ、遺留分に不足する部分を、次男の債務として、後日返済するように決めておいたり、スーパーの売上げから月々支払っていく方法も考えられます。

相続を放棄させることはできませんか？

相続放棄というのは、相続が開始してからの話なんですよ。**あなたが亡くなる前に、相続人になる人があらかじめ相続を放棄をすることはできません**。ただ、**遺留分の放棄は、あなたの生前にもできます**から、そうしてもらっておく方法はあります。ただし、これには家庭裁判所の許可が必要です。

苦労を共にしてきた妻に全財産を残したいのですが…

6 遺言で指定できますが、子どもや親がいれば遺留分の壁に要注意。

私も八十の声を聞くようになったので、財産の処分について考えています。私が曲がりなりにも町工場の社長をやってこれたのは、影で支えてくれた女房のおかげです。子どもは３人いますが、親のいうことも聞かず、また盆にも正月にも帰ってきません。そこで、全財産を女房にだけ残したいのですが。

お気持ちはよくわかります。でも、残念ながら、日本の法律は、全財産を必ず一人の相続人だけに残せるようには定められていないんです。

そんな……。自分の財産なのに思いどおりにできないなんて。

遺産を全部奥さんに渡すように遺言を書いても、お子さんがいて、そのお子さんが自分も遺産を受け取るつもりであれば、奥さんだけが遺産全部を受け取ることはできなくなります。なぜなら、お子さんたちには、遺言によっても奪うことのできない相続分の割合が確保されているからです。この割合のことを「**遺留分**」といっています。

……急に「遺留分」なんて言われてもよくわからないんですが。

そうですね。「遺留分」というのは、被相続人（亡くなった人）の財産のうち、一定の相続人に必ず残さなければならない割合のことをいいます。遺産のうちの一定の割合は、「遺留分」として、必ず法律で決められた相続人が受け取れるように決められているんです。

相続人なら誰でも「遺留分」があるんですか？

違います。「遺留分」が認められる者を**遺留分権者**といいますが、**遺留分権者は、兄弟姉妹を除く法定相続人**です。具体的には、被相続人（亡くなった人）の配偶者（夫婦の相手方）、被相続人の子ども（子どもが死亡している場合には孫）、それに親などの直系尊属です。

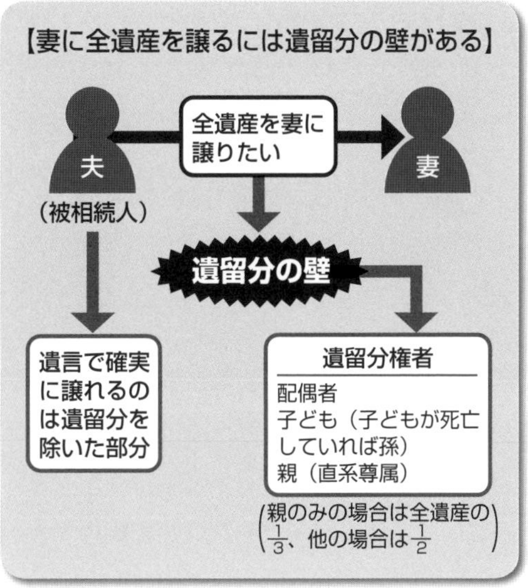

【妻に全遺産を譲るには遺留分の壁がある】

すると、兄弟姉妹だけは「遺留分」がないってことなんですか？

そのとおりです。亡くなった人に、子どもも親などの直系尊属もいないときに限って兄弟姉妹が相続人になりますが、**この兄弟姉妹には「遺留分」がありません**。ですから、**そういうときなら、奥さんに遺産の全部を渡す遺言を書けば、必ずそのとおりに全部の遺産を渡すことができます。**

なるほど……。ところで、その「遺留分」の割合はどの程度なんですか？

親などの直系尊属だけが相続人の場合には、全財産の３分の１。それ以外に相続人がいる場合（奥さんや子どもがいる場合）は全財産の２分の１です。

相続人が何人もいる場合には、どうなるんでしょう。

相続人が何人いても、全体としての遺留分の割合は変わりません。相続人たちは、**各自の法定相続分の割合に従って、遺留分の総額から配分を受け**ることになるんですよ。

子どものいない夫婦ですが妻に遺産のすべてが渡せますか？

7 遺言をしないと、兄弟姉妹がいれば相続人になってしまいます。

一人息子を亡くしてから、夫婦二人だけの生活でした。知人の話によると、子どもがいない場合の相続は、兄弟姉妹が相続人になるので、なにかとくちばしを入れてきて大変だということですが、本当ですか？

くちばしを入れるかどうかはともかく、そのとおりですよ。**子どもがいれば奥さんと子どもだけが相続人**ですが、子どもがいない場合、あなたの親が生きておられれば、親と奥さんとが相続人です。**親が死亡していなくて、あなたに兄弟姉妹がおられれば、奥さんとともに相続人となります。**

つきあいはまったくないんですが、姉と弟がいるんです。自分の死んだあとに、彼らが妻と相続争いするようなことになっては死んでも死に切れません。なにかこれを避ける方法はないでしょうか。

あなたが遺言を書いて、遺産全部を奥さんに残すことにすればいいんですよ。

でも、聞いたところ、たしか相続人には「遺留分」というものがあって、遺産全部を１人だけに渡すことはできないんじゃないですか。

子どもや親が相続人の場合には、おっしゃるとおり「遺留分」の壁がありますから、全部の遺産を奥さんに残すことは難しいかもしれません。でも、**相続人が奥さん以外に兄弟姉妹である場合は、兄弟姉妹には「遺留分」がありませんので、遺言によって遺産の全部を奥さんに渡せます。**

よかった……。ところで、死んだ息子とは離れて暮らしていたのでよくわからないのですが、もし、息子に子どもがいた場合にはどうなりますか？

【子どもがいない場合の遺言書のサンプル】

遺言書

私は、以下のとおり遺言します。

① 私の弟二郎には、絵が好きなので私の持っている画家〇〇〇の描いた絵画１点を譲り渡す。

② 妹花子には、車が好きなので、私の愛車ベンツ〇〇〇を譲り渡す。

③ その余の財産は、長年苦労を共にしてきた妻佳子に相続させる。

④ 既に死亡した長男の一男に、万一子どもがいた場合には、妻が相続するのはその子の遺留分を除いた分とする。

⑤ この遺言の遺言執行者として次の者を指定する。

都道府県市区町村番地

〇〇法律事務所　弁護士　乙野二郎

令和〇〇年〇月〇日

遺言者　甲野太郎　㊞

あなたにとってはお孫さんですね。子ども（あなたの息子さん）が亡くなったあとで親（あなた）が亡くなった場合には、子どもの子ども＝孫が、子どもにかわって相続権を取得します。あなたの子どもが受け取るはずだった相続分を、孫がかわりに受け取るんです。これを「**代襲相続**《だいしゅうそうぞく》」といいますが、代襲相続によって相続人となったお孫さんは、遺留分権者にもなるんですよ。

その場合、妻に全遺産を残すことはできなくなりますね。

そうですね。そのお孫さんがあなたの遺言に従わず、自分の「遺留分」を返せと主張すれば（＝遺留分の侵害額請求をすれば）、奥さんはお孫さんの「遺留分」だけは返してやらなければならなくなります。

その「遺留分」は、どのくらいの割合なんですか。

妻と子どもが相続人の場合――その子がもう死んでいて代襲相続人の孫がいても同じことですが、**遺留分は妻と子（孫）合わせて全遺産の２分の１**です。このとき、**お孫さん個人の遺留分は、この２分の１の遺留分にお孫さんの法定相続分の割合（＝２分の１）を掛けて出します。**つまり、２分の１×２分の１＝４分の１で、お孫さんが複数いれば、さらに均等に分けます。

老妻の面倒を生涯みさせる遺言のしかたもありますか？

8 「負担つき遺贈」という遺産の渡し方があります。

なんといっても気がかりなのは、私が死んだあとの妻の生活のことです。遺言をしても全財産を妻に残すことはできないと聞きましたが、妻が老後を安心して暮らせるような手だてはないものでしょうか。子どもは二人いることはいるんですが、家に寄りつきもしません。

最近では、子どもが巣立ってしまうと老夫婦二人だけで暮らす家庭が増えていますから、おたくだけの問題ではないですね。たしかに遺言で全財産を妻に残すと書いても、子どもには「遺留分」がありますので、その「遺留分」（子ども１人あたり１／８⇒相続人全体の遺留分１／2×子ども１人あたりの法定相続分１／４）を主張されたら、財産の全部は奥さんに残せないことになります。

じゃあ、全財産を妻に残すという遺言を書いても意味はないんでしょうか。

そうでもありませんよ。遺留分を侵害された相続人は、侵害する部分の遺産を受け取った者に対して「**遺《い》留《りゅう》分《ぶん》侵《しん》害《がい》額《がく》請《せい》求《きゅう》権《けん》**」を行使することになります。これは侵害されている遺留分（あなたが奥さんに全遺産を残す遺言を書いた場合は、子ども１人あたり全遺産の８分の１）に相当する金額をを支払ってくれという請求権です。しかし、実際問題として考えてみますと、いくら家に寄りつかない子供であろうと、自分の母親に父親が遺言まで書いて渡そうとした財産を寄こせと請求するでしょうか。それに、いずれ母親が亡くなれば、その財産は子どもたちが相続できるわけですから。

それはまあ、そうかもしれませんね……。でも、もっと確実に子供たちに母親の面倒をみさせる方法はないものでしょうか。

負担つき遺贈という方法がありますよ。これは遺言で、一定の法律上の義務を課した遺贈をする方法なんです。たとえば、子供のうちの一人に、遺言で財産全部をやるから、母親の扶養を引き受けるように、という負担をつけるやりかたです。

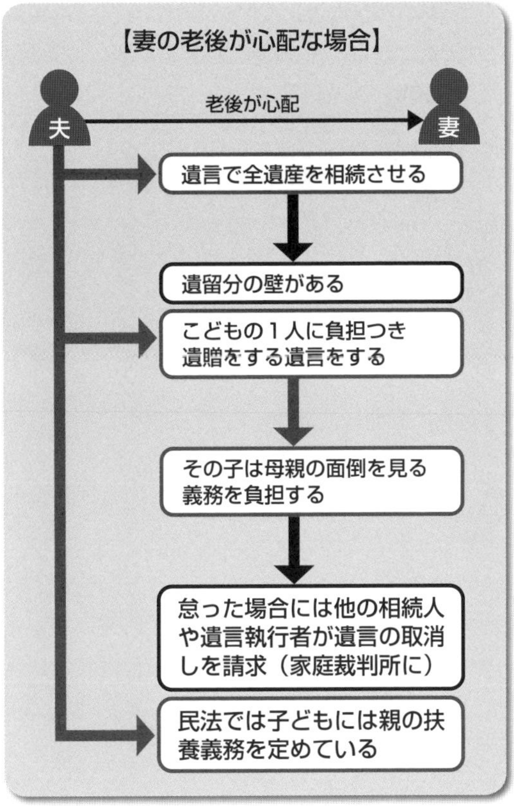

子供が遺産だけ受け取って、負担したはずの義務をはたさない場合は、どうなりますか。

そういうときには、他の相続人や、決めておいた**遺言執行者**（⇒126ページ）が家庭裁判所に対して、遺言の取消しを請求することになります。最初から負担が重荷で、イヤなのであれば、負担つきの遺贈を放棄することはできます。

でも、遺贈を放棄することで妻の面倒をみることまで放棄されてしまったら、妻の老後の生活はいったいどうなるんでしょうか。

もともと**子どもには親を扶養する義務がある**と民法で決められています。ですから、遺言とは無関係に、子どもたちが話し合って扶養の方法や程度を決めることになるでしょうし、決めなければなりません。そのあたり、遺言をする前に、子どもたちとよく話し合っておかれてはどうでしょうか。

介護の面倒をみてくれた人に多く遺産を渡したいのですが…

9 遺言すれば親族以外の他人にも財産を遺贈できます。

私は長年、町工場を経営していたので、それなりの財産があります。妻には先立たれ、子供たちの言うなりに老人ホームで余生を送っています。ところが先日、子供たちが老人ホームにやってきて、後でトラブルが起こらないように遺言書を書いてくれと言われました。腹立たしい限りです。

まあ、その程度のことは世間にざらにあるようですよ。でも、お気持ちはよくわかります。

たまに老人ホームに寄って介護をしてくれるのは末の娘だけで、他の子供は寄りつきもしません。介護の面倒は老人ホームの○○さんが親身になってみてくれています。面倒をみてくれた人に多く財産を残したいのですが、できますか？

ご自分で築いた財産ですから、本来、どのように処分しようとも自由なはずです。しかし、残された者が遺産をあてにして生活設計を立てているのに、それを全部ひっくり返すことはできないようになっています。財産のうちの一定部分は、お子さんなど決められた法定相続人に残さなければなりません。これを「**遺留分**」といいます。あなたがどのように財産を処分しようとも自由ですが、遺留分を侵害された相続人は侵害した相続人に対して侵害額の請求ができます。

そうは言っても、少ししかもらえなかった子どもたちから、末の娘がいじめられるようなことが起こっても困るのですが。

同じ相続人でも、親の仕事を手伝ったり、介護の面倒をみたりしてくれる

【面倒を見てくれた次女に多く残す法】

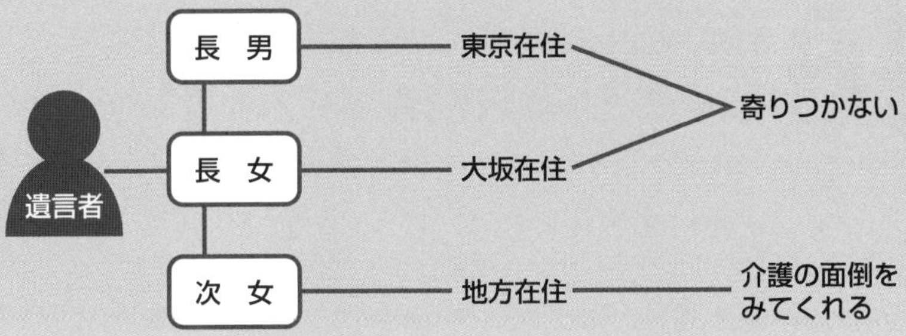

●次女に多く渡したい

①遺留分の計算をする

　３人の子の遺留分は全員合わせて$\frac{1}{2}$

　各人の遺留分は$\frac{1}{2}\times\frac{1}{3}=\frac{1}{6}$ずつ

②長男と長女の遺留分の合計$\frac{2}{6}=\frac{1}{3}$を除いた分は自由に処分できる

③次女に全遺産を残すことも、老人ホームの世話になった人に遺贈することも、$\frac{2}{3}$の範囲内で自由にできる

者もいれば、相続のときだけ実家に帰ってくる者もいます。相続法もそれを無視するわけではなく、法定相続であっても「**寄与分**」という制度を設けて、親の仕事を手伝ったり介護に尽くした者に対しては、多く財産がいくように認めています。法律が認めていることですし、遺言書になぜその人に多く財産を渡すのかをはっきり書いておけば、いじめは起こらないと思いますよ。

相続人ではない老人ホームの○○さんに、遺言で財産を残すように書いても問題は起こりませんか？

遺言によって財産を渡す（＝遺贈する）のは、なにも法定相続人に限られるものではありません。**誰に財産を渡すかは、被相続人であるあなたが自由に決めていいこと**です。ただ、問題が起こるとすれば、相続人の「遺留分」を侵害した場合です。この点だけは十分気をつけて書くようにしてください。

親に暴力をふるう息子には相続させたくないのですが…

10 「廃除」によって相続資格をなくさせる方法があります。

わが家の次男は親にむかって「早く死ね」などと暴言を吐くし、私を殴ったり、先日は大切に育てている鉢植えを蹴飛ばして壊してしまう始末です。それでも、相続させなければいけませんか？

子どもなら平等に親の財産を相続できるというのは、民法の相続編で定めている法定相続の場合です。子どもといっても、親孝行な子どももいれば、ご質問のような親不孝者もいます。法律は、そのような個別の事情まで考慮して条文を設けているわけではありませんから、**法律どおりに等分に分ける財産分けをしたくなければ、遺言を残す方法をとること**です。

昔なら勘当ものの息子ですから、遺産なんか一銭もやりたくないのですが、そんなことができるのでしょうか。

何度も出てきた「遺留分」がここでも出てきます。子どもには遺留分がありますから、その分だけはどうしても受け取らせないわけにはいかないんです。でも、ご質問のように、あまりにもひどい暴力をふるったり、非行に走ったりした子どもであれば、相続する資格を奪う方法があります。

それですよ！　そのためにはどうすればいいんですか？

相続人の「**廃除**《はいじょ》」という制度を使います。これは、子どもが親を虐待・侮辱したり、著しい非行があった場合には、親は、家庭裁判所に、相続人である子どもの「廃除」を申し立てられるというものです。**これが認められれば、息子さんは遺留分も含めて相続権を失いますので、まったくあなたから財産を受け取れないことになります**。ただし、息子さんに子ども（あ

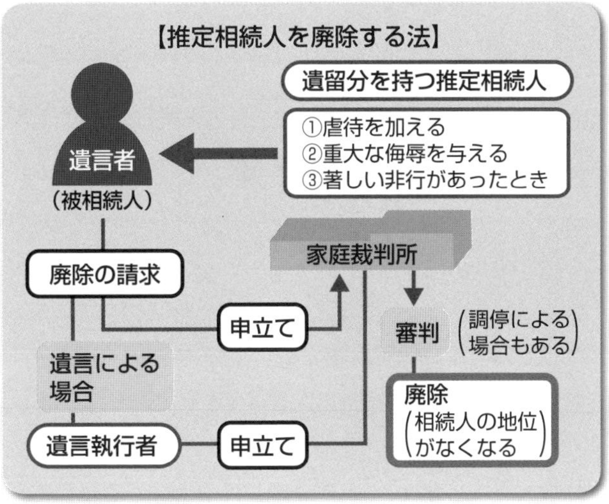

なたからみると孫）がいれば、その子どもが息子さんの相続するはずだった分（息子さんにまったく相続させない遺言を書いた場合なら、その遺留分）を代襲相続することにはなりますが。

そうですか。孫に恨みはないので、孫に遺産が渡るのはいいでしょう。しかし、そんな手続きをとったと知ったら親不孝息子が荒れ狂うかも……。

遺言書に、息子さんを廃除する旨を書いておく方法でもいいんですよ。息子さんが廃除のことを知ってあなたに文句を言おうとしても、あなたはもうこの世にはおられないというわけです。この場合、あなたがあらかじめ頼んでおいた**遺言執行者**（弁護士などに依頼します）が家庭裁判所への手続きをすることになります。

なるほど……。あと、万が一ですが、息子が心を入れかえて謝ってきた場合には、どうすればいいですか？

そういうご配慮は、やはり親御さんですね。簡単です。すでに家庭裁判所に申し立てて廃除の請求をしていた場合には、今度は廃除の取消しを請求すればいいんです。また、遺言によっても廃除の取消しをすることができます。この場合には、相続が開始するとき（あなたが亡くなったとき）にさかのぼって廃除がなかったことになります。

音信不通の子どもがいますが全財産を施設に寄付できますか？

11 生前贈与なら可能ですが、税金対策が必要です。

私は独り暮らしの老人です。妻とは20年前に離婚し、女の子が１人いますが、私とはまったく音信不通です。親類縁者もありませんので、私が死んだあとの財産処分について悩んでいるのですが、できれば世話になった福祉法人に寄付したいとも考えています。どうしたものでしょうか。

自分の財産は、生前でも、死後でも、自由に処分できるのが原則です。あなたが現在住んでいる家屋以外に財産があるのでしたら、いつでも、お話の福祉法人へそれを寄付されればいいでしょう。寄付といっても、生きているうちになさる場合、法律上は**贈与**（**生前贈与**）という言葉になりますがね。

そう言われても、住んでいる建物以外にたいした財産はないのですが。

そうですか、それは困りましたね。いますぐ不動産を寄付するとなると、住む場所がなくなりますからね。

遺言をして、私が死んだあとに寄付することはできないんですか？

それは「**遺贈**《いぞう》」ということになりますが、もちろんできますよ。ただ、お話だと親類縁者はいないということですが、20年も音信不通とはいえ、娘さんがおられますね。長年、どんなに離れて暮らしていても親子の関係は切れるものではありません。**離婚した奥さんは、もう他人ですから相続人にはなれませんが、娘さんは法定相続人になる**んですよ。

相続人がいると、遺言による寄付はできないんですか？

そうではありませんが、相続人である子どもには「**遺留分**《いりゅうぶん》」が保証されています。遺産の２分の１は「遺留分」として、必ず子どもが受け取れるようになっているんです。主な財産が不動産だけで、預金などほかの財産で娘さんの「遺留分」を満たしてあげることが難しいとすると、娘さんも、その不動産の価額のなかから、自分の「遺留分」までは受取りを要求できるわけです。

そうなんですか。しかし、不動産は切って分けるわけにいかないし……。

そのとおりです。実際にどのようにして不動産を分けるかは、娘さんと福祉法人との話し合いで決めることになるでしょう。売って金銭に変えてから分けるか、福祉法人が不動産全部を受け取って、娘さんには「遺留分」にあたる額を自分の財産から払う、などの方法がありますから。

私が不動産を寄付しても娘たちは気づかないと思うんですが。

気づかざるを得ないんですよ。登記を先方に移すとき、相続人である娘さんの関与が生じますからね。娘さんには、遺留分を侵害した分は返せという「**遺留分侵害額請求権**《いりゅうぶんしんがいがくせいきゅうけん》」があるわけですから、あとあと福祉法人との間でトラブルになると、恩返しがしたいというお気持ちが無になってしまうでしょう。

ふむ……。やはり、前もって娘と話をしてからのほうがよさそうですね。

そう思います。なお、生前に贈与をされるとすれば、贈与されてからあなたが亡くなられるまで１年超の時間がたてば、相手の福祉法人が遺留分侵害を知らないかぎり遺留分のことは気にせずにすむわけです（民法1044条）。税制面からも公益事業を行う社会福祉法人への寄付には贈与税はかからず、贈与分については相続財産から控除できるメリットがあります。

【贈与と遺贈・どう違う？】

◉生前の贈与

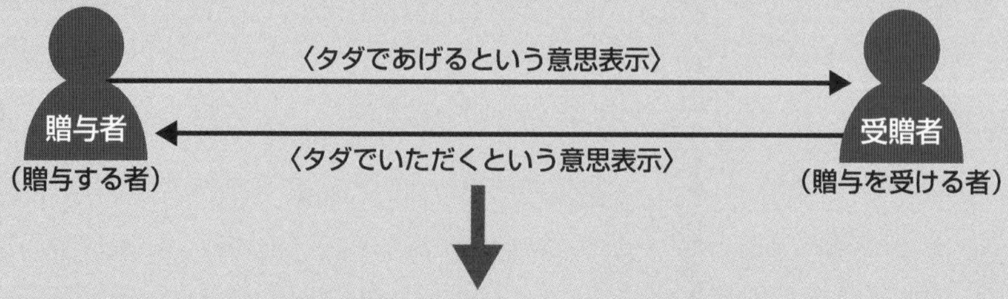

贈与契約が成立

※ただし書面によらない贈与は履行の前なら取り消せる
※贈与者が無くなる１年前までの贈与は相続人の遺留分を侵害すれば侵害分を請求されることがある（１年より前でも当事者双方が遺留分侵害を知っていたときは同じ）
※贈与に負担条件をつける負担つき贈与もある

◉死後に効力の生ずる贈与

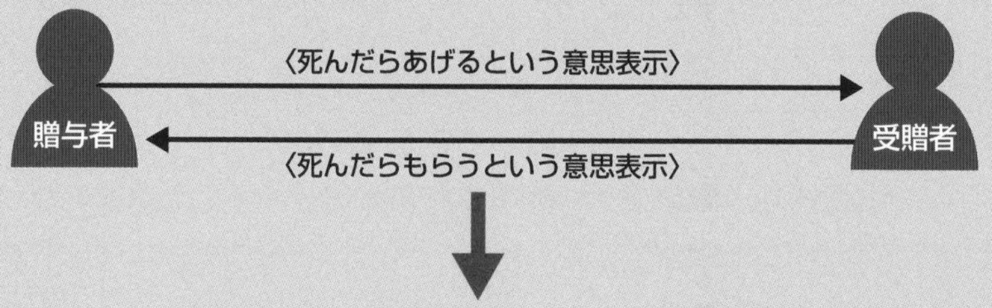

贈与者の死後に効力が発生

※遺留分を侵害する死因贈与は（贈与者の死後に）侵害請求を受けることもある。
※贈与に負担条件をつける負担つき死因贈与もある

◉遺言による贈与（遺贈）

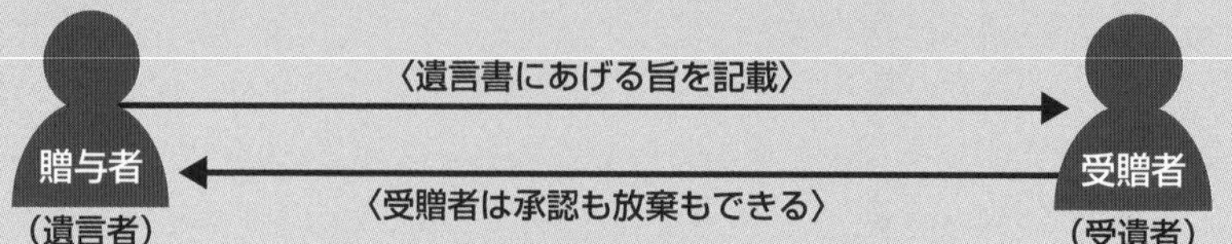

※遺留分を侵害する遺贈は侵害請求を受けることもある
※死因贈与と同じく負担つき遺贈もある

【遺留分額の計算はこうなる】

※基礎となる財産を600万円として計算

◉子ども３人が相続人の場合

それぞれの遺留分　600万円$\times\frac{1}{2}\times\frac{1}{3}$=100万円

子ども全員での遺留分　3人いるので1人あたりは3で割る

◉配偶者と子３人が相続人の場合

子どものそれぞれの遺留分　600万円$\times\frac{1}{2}\times\frac{1}{2}\times\frac{1}{3}$=50万円

配偶者と子ども全員での遺留分　子どもの法定相続分　3人いるので1人あたりは3で割る

配偶者の遺留分　600万円$\times\frac{1}{2}\times\frac{1}{2}$=150万円

配偶者と子ども全員での遺留分　配偶者の法定相続分

◉配偶者と両親が相続人の場合

両親のそれぞれの遺留分　600万円$\times\frac{1}{2}\times\frac{1}{3}\times\frac{1}{2}$=50万円

配偶者と親全員での遺留分　親の法定相続分　2人いるので1人あたりは2で割る

配偶者の遺留分　600万円$\times\frac{1}{2}\times\frac{2}{3}$=200万円

配偶者と親全員での遺留分　配偶者の法定相続分

◉配偶者と兄弟姉妹が相続人の場合

兄弟姉妹には遺留分はないので　0

配偶者の遺留分は　600万円$\times\frac{1}{2}$=300万円

（配偶者のみが相続人の場合も同じ）　配偶者の遺留分

◉両親のみが相続人の場合

両親のそれぞれの遺留分は　600万円$\times\frac{1}{3}\times\frac{1}{2}$=100万円

親の遺留分　2人いるので1人あたりは2で割る

一人暮らしで妻子もないのですが、財産はどうなりますか？

12 相続人がいない場合、寄付等をしなければ、国のものになります。

私は一人暮らしで、妻子もありません。亡くなったあと、私の財産はどうなってしまうのでしょうか。

一人暮らしと言われますが、まず、（推定）相続人がいないかどうかを調べてください。あなたに兄弟姉妹がいれば、つきあいがなくても相続人ですし、兄弟姉妹が亡くなっていても、その子（甥・姪）がいれば、その者も代襲相続人として相続権があります。

甥や姪といっても、会ったこともない者に財産を渡す気には……

そう思われても、これが民法の法定相続の規定だからしかたないんです。ただ、**兄弟姉妹には遺留分（相続人に必ず渡さなければならない割合）はありませんので、兄弟姉妹のみが相続人である場合や、相続人がいないときには、全財産を思いどおりのところに生前贈与や遺言で譲り渡すことができます。**

ということは、相続人がいない場合、世話になった施設に財産の全額を寄付することもできるということですね。

そのとおりです。寄付とは、養護老人ホームや学校などへ社会公共の目的のために財産を支出することを言います。この法律関係は普通の贈与と同じです。したがって、生前に寄付することもできますし、**遺贈**（遺言による贈与）、**死因贈与**（死亡した場合に贈与する旨の生前の契約）による寄付もできます。

【財産の寄付】

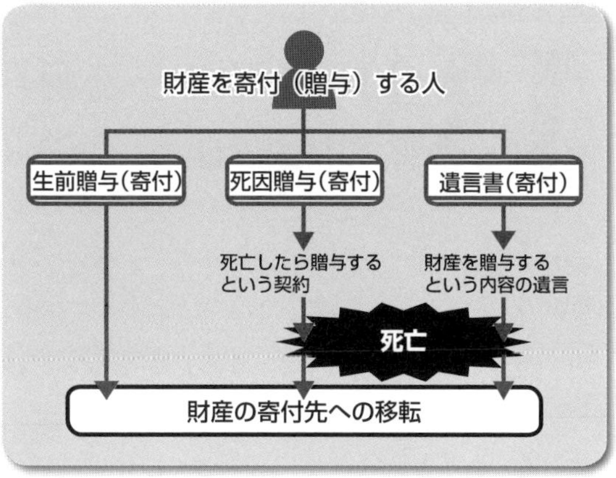

死んだときに財産が先方に渡るようにするのが希望ですが、どの方法が一番よいでしょうか。

なかなか一概には言えませんが、生前の寄付では、その額によっては自分の老後の生活が不安定になります。**遺贈（遺言による寄付＝贈与）なら、気が変わればいつでも遺言書の書換えなどによって贈与の撤回ができる**という利点があります。しかし、**死因贈与の場合は、契約ですので、原則として取り消すことができません**。死因贈与契約において「死亡まで面倒をみた場合、遺産の全額を贈与（寄付）する」などの条件（負担）を付すといった工夫が必要でしょう。

どの方法を選ぶかについては、遺言書の作成や贈与契約書の作成といった法律手続きもありますので、一度は専門家に相談してください。

ちなみに相続人が誰もいなければ、遺産はどうなりますか。

相続人がいない場合には、利害関係人あるいは検察官の請求によって家庭裁判所が**相続財産管理人**を選任します。遺産はこの相続財産管理人が管理することになります。そして、相続人の捜索が行われ、最終の捜索公告の期間満了後３カ月以内に、特別の関係にあった人が家庭裁判所に**特別縁故《とくべつえんこ》者《しゃ》**の申立てをして認められれば、財産の分与を受けることができます。この特別縁故者とは、被相続人（亡くなった人）と生計を同じくしていた（同居していた）者、被相続人の療養看護に努めた者、その他被相続人と特別の縁故にあった者です。ただ、特別縁故者が財産を取得する手続きはややこしく、期間の制約も生じます。この特別縁故者がいない場合は、全遺産が国のものになります。

家業を子どものなかの１人に継がせたいのですが…

13 生前贈与などを利用して業務用資産をその１人に集めます。

私のところは果樹園農家をしています。子供は３人いますが、まじめに手伝ってくれる次男にあとを任せたいと思っています。長男と三男はサラリーマンです。いまのまま私が死んで、子どもたちが平等に果樹園を分割して相続するとなると、経営は難しくなります。いい方法はありませんか？

農家や商店などで、子どものうちの１人に家業を継がせたい場合に、よく行われるのが、ほかの子どもに相続放棄をしてもらうとか、「**相続分皆無証《そうぞくぶんかいむしょう》明書《めいしょ》**」を書いてもらうなどの方法です。ただし、これらはあなたがご存命中にできることではなく、亡くなられたあと、相続人どうしが協力しておこなうことになる手続きです。もちろん、あなたが生前にお子さんたちに事情を話して、なんとかして次男に果樹園をやらせたい、それについては皆で協力してほしいと説得することはできますし、その旨を遺言書に希望として書いておくこともできます（強制することはできませんが）。

なるほど……。「相続分皆無証明書」とは、いったい何ですか。

これは、相続放棄はしないけれども、生前贈与（被相続人の生前に受けた特別受益）によってすでに自分の相続分だけは受け取っているので、今回の相続では受け取るものがない、ということを自分で証明するために書いた文書です（「**特別受益証明書**」などとも呼ばれます）。相続放棄は、家庭裁判所に行って申述書を提出する手続きが面倒なので、放棄はせず、「相続分皆無証明書」を作ってすます便法がとられることも多いんです。

しかし、私は子どもに生前贈与などしていませんし、これからするにしても、果樹園以外にそれぞれの相続分を埋め合わせるほどの資産はないかも……。

「相続分皆無証明書」は、実際に財産を受け取っていなくても、受け取ったことにして書く例も多いですよ。そういうときは事実に反する文書になりますので、「相続分皆無証明書」を書いた相続人が、あとになって「やっぱり自分の相続分はもらう」などと言い出して揉めごとになるリスクをはらんでいます。そのことには注意が必要です。

たしかに、それはかなり不安な要素ですね。

そもそも、ほかのお子さんに相続放棄や「相続分皆無証明」をしてもらうにしても、果樹園を継ぐ次男だけがトクになる話だと、ほかのお子さんの協力は得られないでしょう。果樹園経営の苦労する面、トクばかりではないことをわかってもらうのが先決です。そのうえで、果樹園の評価額と他の財産の価額との総額がいくらになるかを、必要があれば不動産鑑定士などの専門家にも頼んで計算してみることですね。**これを３人で均等に分けたらいくらになるかを前提に、相続放棄などをしてもらえるかどうか、あなたのご存命中に話し合っておかれるといいでしょう。引きかえに果樹園の収益の中から毎年○○円を支払うなどの手当てを考える必要もあるかもしれません。**

わかりました。相続放棄とか、「相続分皆無証明」とかは私が死んでからの話ということでしたが、生きているうちにとれる手はなにかありますか。

生前贈与を活用する方法、遺言で相続財産の指定をしておく方法がありますね。果樹園以外の財産は、果樹園を継ぐ次男以外の兄弟の法定相続分を埋め合わせるだけはなさそうだとおっしゃいましたが、**生前贈与によって早い段階で優先的に果樹園以外の財産を渡すことにすれば、そのことのメリットで長男と三男が納得してくれればいいわけです。**

そういう贈与で丸くおさまれば、簡単でいいかもしれませんね。

贈与のネックとしては、相続よりも税金が高いということがあります。それと、子どもたちには相続するに際して「遺留分」があるわけですから、生前贈与を受けた額が「遺留分」に足りない場合、あくまで遺留分に満ちるまで遺産を受け取ると主張されれば話はこわれてしまいます。「遺留分」は、相続人全体で遺産の２分の１ありますから、奥さんがもう亡くなられていて相続人がお子さんたちだけだとすると、３人のお子さんたち１人あたりの遺留分は次のようになります。

相続人全体の遺留分		1人あたりの法定相続分		1人あたりの遺留分
1／2	×	1／3	＝	1／6

つまり、長男と三男は、それぞれ遺産の６分の１までは、あなたがどういう遺言をしようが、必ず受け取れる権利をもっています。生前贈与を受けた分だけは差し引かれることになりますが。

あとになって遺留分の主張ができないようにはできないんでしょうか。

頭から息子さんたちを信用しないような法的措置をとるのがいいのかどうか、場合によりけりでしょうが、**あなたのご存命中であっても、息子さんたちに遺留分の放棄をしてもらうことはできます**（なお、ご存命中に相続放棄はできません）。これは家庭裁判所に申し立てて行ないます。長男と三男に生前贈与を受けさせるのと引きかえに、遺留分の放棄をしてもらっておけば、いざ相続の段になって遺留分の主張をされることはなくなります。

なるほど。それで果樹園は、まるごと次男に継がせられるんですね？

そういうことになります。果樹園は、分割することなく、そっくり次男が受け継ぐようにと、遺言書に書いておけばいいんです。

【相続人の１人に家業を継がせるには】

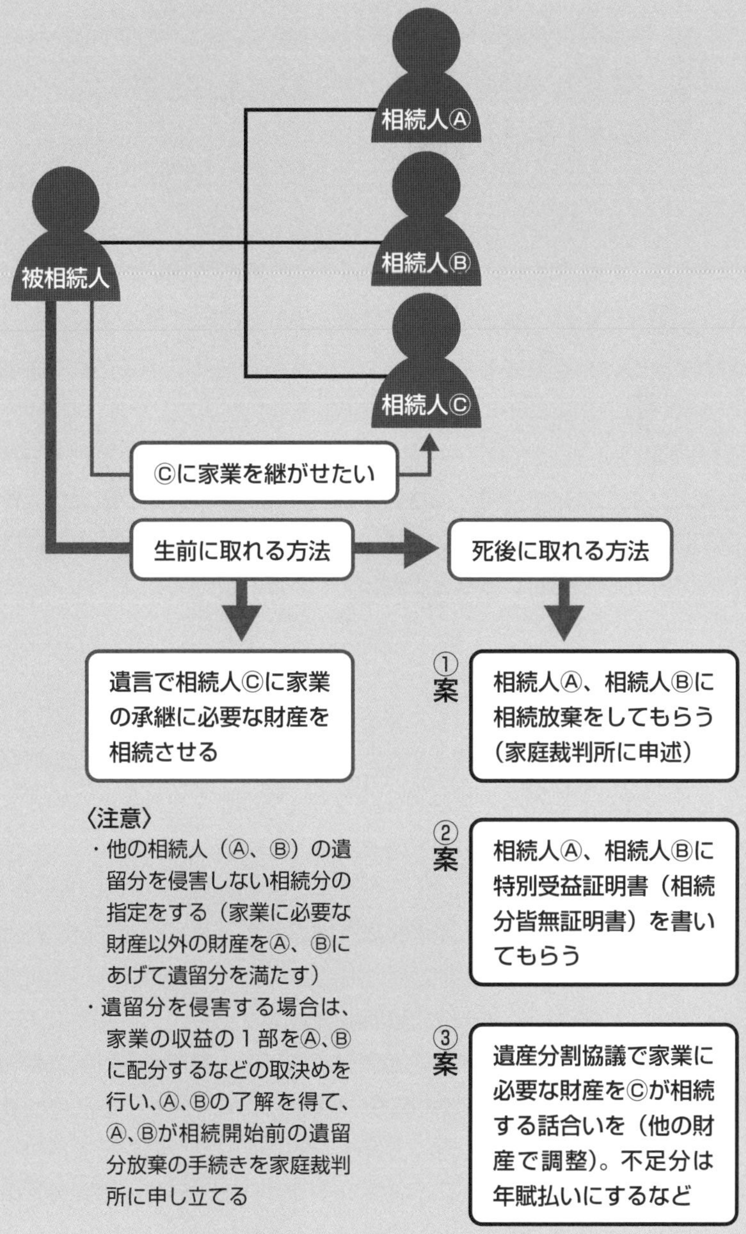

お墓や仏壇などの祭祀承継はどのようになされますか？

14 祭祀財産は相続財産と区別され、原則、被相続人が指定した者に承継されます。

私には、妻と子３人がいますが、私が管理してきたお墓や仏壇などは誰が受け継ぐのですか。

お墓や仏壇は**祭祀《さいし》財産《ざいさん》**と言われ、ほかにも**系譜《けいふ》**（家系図）、**位牌《いはい》**、**墓地**（所有権の場合と用益権の場合などがある）があります。こうした祭祀財産は、相続財産とは区別されていて、祭祀財産の承継者は祖先の祭祀を主宰すべき者とされています。**第一には被相続人（死亡した人）が指定した者で、第二に指定がないときは慣習に従います。第三に慣習が不明のときは、家庭裁判所が決めるということになっています。**

私の場合、私が**祭祀《さいし》承継者《しょうけいしゃ》**を決めていいのですね。

あなたは現在、お墓や仏壇を管理していますので、祖先の祭祀を主宰する祭祀承継者だと思われます。したがって、あなたが次の祭祀承継者を指定することができます。

祭祀承継者は長男でなくてもいいんですか。

長男でなくてもかまいません。一般の相続とは別ですから、相続人の中から選ぶ必要もなく、被相続人と姓が違う人でも、親族でない人でもかまわないんです。家庭裁判所は被相続人の祖先と深く関係するだけの者よりも、被相続人と現に緊密な関係にあり、被相続人に深い愛情を持つ者を祭祀承継者に選ぶべきだとしています。したがって、**内縁《ないえん》（事実婚）の妻でも祭祀承継者になれる**わけです。ただ、誰でもいいというわけではなく、祭祀はお寺などの宗教とも関係しますから、そちらの意見を聞いておくのもよいでしょう。

【祭祀承継のしくみ】

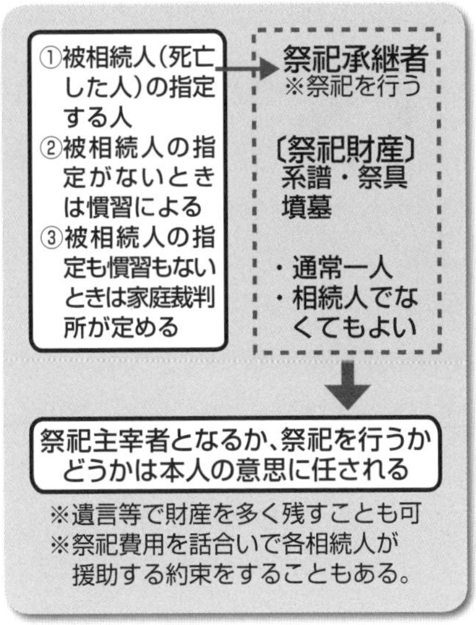

祭祀財産を承継した者が祭祀をしないとどうなりますか。

祭祀承継者に指定された者は、当然に祭祀主宰者となり、これを拒むことはできないとされています。しかし、祭祀承継者が祭祀を必ず行わなければならないという法律上の義務はなく、戸籍などに祭祀主宰者として記録されることもありません。つまり、祭祀を行うかどうか、祭祀財産をどうするかは、祭祀承継者の意思にまかされた道義的な問題にすぎないのです。

祭祀を十分行ってもらうために、遺産を多く相続させることは必要でしょうか。

祭祀承継を理由に相続財産を減らされたり増やされたりすることが法律で決まっているわけではありません。したがって、祭祀にかかる費用は、祭祀承継者が自ら負担することになります。ただし、**被相続人（亡くなったとき相続をさせる人）が祭祀承継者を指定し、遺言で特別に遺贈したり、生前贈与をすることは自由です。**

また、**相続人が話合いで祭祀承継者に相続財産を多く分割したり、各相続人が祭祀費用を分担するように決めることもできます。**今日では家督相続の時代とは違い、相続財産と祭祀財産は分離され、法事などの費用は祭祀承継者の持ち出しになっているのが実情です。祭祀承継者に多く財産を渡したいなら、遺贈や生前贈与でカバーする対策を考えてはいかがでしょうか。

相続税対策にはどのようなものがありますか？

15 相続税および贈与税の非課税や減税の特例を活用する。

相続税のことが心配なのですが。

相続税対策の前に、多くの人には相続税は課税されませんので、そのことから話しましょう。相続税には**基礎控除**があり、課税の対象となる遺産額から、**基礎控除額＝3000万円＋法定相続人数×600万円**を引くことができます。

たとえば配偶者（妻）と子３人がいるとしたら、相続人は４人ですから3000万円＋４×600万円＝5400万円が基礎控除額です。5400万円までは課税されず、相続税の申告も不要です。

まず、財産目録を作成して、遺産の評価額の合計を出してください。

評価額といっても、不動産などの相続税の評価額はどう出すのですか。

相続税を払うための土地の値段の評価法には**路線価方式**と**倍率方式**（路線価のない土地）があって、実勢価格より安くなっています。また、**小規模宅地**については特例があり、例えば、被相続人と同居していた親族が居宅等を相続する場合には、その評価額が330㎡までは80％も減額されます。

評価額の概算は、固定資産税の納付書が送られてきていると思いますので、とりあえずそこに記された評価額を記載しておくとよいでしょう。建物についても**固定資産税評価額**となります。

預貯金はその金額そのものです。家財道具などは中古価格ですが、ほとんどは売却品としての価値がなく、骨董的価値のあるものを除けば、資産計上をしなくてもよいでしょう。ほかにも株や公社債、貸付金、受取手形などがありますが、税務署に行けば「相続税の申告のしかた」という小冊子に評価の記載もあり、わからなければ教えてくれます。

【主な相続税対策】

①生前贈与による対策⇒生前に相続財産を少なくしておく

贈与税が課税されるので、基礎控除や非課税特例などを活用

1）毎年110万円（基礎控除）分を相続人になる人に贈与

2）配偶者への住宅又は取得資金等の贈与をする（婚姻期間が20年以上の夫婦の場合、居住用不動産または居住用不動産の取得資金2000万円までは通常の基礎控除110万円に上乗せして非課税）

3）住宅取得のための金銭贈与をする（20歳以上の子または孫が、両親・祖父等から住宅取得資金の贈与を受け住宅を消費税等の税率10%で取得した場合、良質な住宅1500万円、その他1000万円まで〈令和2年4月～令和3年3月〉は通常の基礎控除110万円に上乗せして非課税）など

②遺言等による対策⇒相続税の非課税や軽減の特例を活用する

1）配偶者の相続税減額制度の活用（配偶者は相続額1億6000万円までは非課税）⇒たとえば遺産が2億円あっても基礎控除があるので、妻が1億6000万円相続すれば税金ゼロ。ただし遺留分について他の相続人の了解が必要

2）孫などを養子にして法定相続人を増やす
⇒法定相続人1人について基礎控除は600万円増える（実子がある場合は1人、ない場合は2人までの制限あり）

財産が5400万円を超えるようなら、相続税対策をすればいいんですね。

そのとおりです。相続税対策には、生前にする対策と、相続時の相続税対策とがあります。具体的には、上表に記したような方法が考えられます。なお、**贈与税（暦年課税）は相続税よりも税率が高いので、生前贈与を利用する場合には失敗のないよう注意が必要です**。素人判断では難しい側面がありますので、税務署や専門家（税理士）に事前に相談してください。

◆相続税の計算例（相続人➡妻とこども2人：正味遺産総額➡2億円）

※法定相続分（配偶者$\frac{1}{2}$、子2人＝各$\frac{1}{4}$）で相続した場合

① 遺産の相続	遺産総額（2億3,000万円） 正味遺産額／非課税財産1,800万円／債務・葬式費用1,200万円	
② 正味遺産額	正味遺産額	2億3,000万円－1,800万円 －1,200万円＝2億円
③ 基礎控除額	課税遺産額／基礎控除額 4,800万円	3,000万円＋（600万円×相続人3人） ＝4,800万円
④ 課税遺産額	課税遺産額	2億円－4,800万円（基礎控除額）＝ 課税遺産額 1億5,200万円
⑤ 法定相続分であん分	妻（$\frac{1}{2}$）／長男（$\frac{1}{4}$）／長女（$\frac{1}{4}$） ➡	妻 ➡ 1億5,200万円×$\frac{1}{2}$＝7,600万円 子（各自）➡ 1億5,200万円×$\frac{1}{2}$×$\frac{1}{2}$＝3,800万円
⑥ 相続税の総額の計算	妻／長男／長女 ➡	〈税率〉〈速算控除額〉 妻 ➡ 7,600万円×30%－700万円＝1,580万円 子（各自）➡ 3,800万円×20%－200万円＝560万円
⑦ 相続税の総額	相続税の総額 ➡	妻の税額 子の税額 相続税の税額 1,580万円 ＋ 560万円 × 2人 ＝ 2,700万円
⑧ 各人の相続税額	妻／長男／長女 〔法定相続の割合通り受け取ったとします〕 ➡	妻 ➡ 2,700万円（相続税の総額）× 1億円／2億円（実際に受け取った遺産額の比率）＝1,350万円 子（各）➡ 2,700万円 × 5,000万円（2億円×1/2×1/2）／2億円 ＝ 675万円
⑨ 税額控除の計算	妻／長男／長女 ➡	①妻 ➡ 1,350万円 （相続額が1億6,000万円より少ないのでこの額が控除額） ②長女（18歳）➡ 10万円 × 2年（20－18）＝20万円 （20歳まで1年ごと未成年者控除）
⑩ 納付すべき税額の計算	長男／長女 ※未成年者18歳 ➡	妻 ➡ 1,350万円－1,350万円（控除額）＝0円 長男 ➡ 675万円 長女 675万円－20万円（未成年者控除）＝655万円

※相続税の税率については次ページを参照してください。

◆相続税・贈与税の速算表（令和2年5月1日現在）

◆相続税の速算表

法定相続人の取得金額	税率	控除額
1,000万円以下	10%	——
1,000万円超～3,000万円以下	15%	50万円
3,000万円超～5,000万円以下	20%	200万円
5,000万円超～1億円以下	30%	700万円
1億円超～2億円以下	40%	1,700万円
2億円超～3億円以下	45%	2,700万円
3億円超～6億円以下	50%	4,200万円
6億円超	55%	7,200万円

〔基礎控除：3,000万円＋(法定相続人数×600万円)〕

◆暦年課税の贈与税の速算表

課税価格	税率	控除額
200万円以下	10%	——
200万円超～ 300万円以下 (200万円超 ～ 400万円以下)	15%	10万円
300万円超～ 400万円以下 (400万円超 ～ 600万円以下)	20%	25万円 (30万円)
400万円超～ 600万円以下 (600万円超 ～ 1,000万円以下)	30%	65万円 (90万円)
600万円超～1,000万円以下 (1,000万円超 ～ 1,500万円以下)	40%	125万円 (190万円)
1,000万円超～1,500万円以下 (1,500万円超 ～ 3,000万円以下)	45%	175万円 (265万円)
1,500万円超～3,000万円以下 (3,000万円超 ～ 4,500万円以下)	50%	250万円 (415万円)
3,000円超 (4,500万円超)	55%	400万円 (640万円)

〔基礎控除：110万円(年間)〕
＊( )内は特別税率で直系尊属(父母や祖父母など)から贈与時20歳以上の直系卑属(子・孫など)への贈与の場合

◆相続時精算課税の贈与税の速算表（上記の暦年課税との選択適用）

原則として60歳以上の父母の祖父母から20歳以上の子・孫に対して贈与した場合に、右記税率で贈与税を支払い相続時に清算する制度	税率	特別控除額
	一律20%	限度額2,500万円

※住宅取得資金の贈与の特例も併せて適用される。 (73ページ参照)

遺言を公正証書にするメリットはなんですか？

16 公正証書にすれば、形式不備も保管の心配もなくなります。

私が死んだあとに相続をめぐって争いが起こりそうで心配です。友だちに相談すると、誰にどれだけ渡すかをはっきり遺言書に書いて、それを公正証書にしておけば安心だと勧められました。本当に、そうなのでしょうか？

確かに、上手に遺言を書いておくと、相続争いを防ぐのに効果的です。とはいっても、自分で遺言を書いて作るときには、「こういうふうに作らなければならない」という形式が決められていて、その形式をはずれたものを作っても遺言書としての効力を認められません。法律に不案内な人が遺言書を作るとなると、なにかと不安でしょう。

その形式というのは、どんなことなんですか。

自分自身が手書きで書かなければならないこと、日付を入れなければならないこと、署名をし押印をしなければならないことです。書き損じの修正にも、やり方があります。素人は無理というほど難しいことでもないのですが……。

でも、はじめて書くとなると、ミスってしまいそうで、気が重いですね。

その点、**公証役場に行って、「自分はこのようにしたい」ということを公証人に告げると、公証人があなたの考えに沿った遺言書を作成してくれます**。法律の専門家が作るのですから、形式不備ということは、まずありえません。それに、**公正証書遺言**にしておくと、作成したあとにも、いろいろなメリットがあるんです。

それは、どんなことですか？

公正証書遺言の原本は公証役場に保管されますので、遺言書が紛失したり内容が変更される恐れがなくなります。また、公証人という法律の専門家が作成するものですから、記された遺言の内容が不明瞭でわからないといった争いも起こらないでしょう。
なお、令和２年７月10日から自筆証書遺言でも法務局が保管してくれるようになりました。

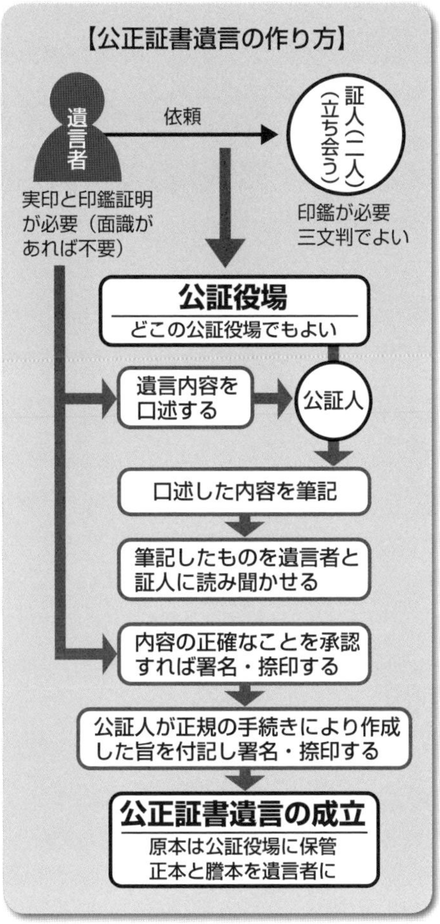

なるほど。でも、公正証書遺言なんてものは私も知りませんでしたし、あまり世の中に広まっているように思えないのはどうしてでしょう？

まあ、わざわざ公証役場に出向かなければなりませんし、そのさい、身分を証するために印鑑証明を用意するなどの手間もかかります。立会いの証人も２人必要です。遺言というものは、できれば秘密にしておきたいものでしょうが、その証人に秘密が漏れるという短所もありますね。

費用もかかるんでしょうね。

遺言のなかに記載する財産の価額によって手数料は決まります。くわしいことは後で述べますが、それほど高いものではありませんよ。

財産を思いどおりに残すための準備には何がありますか

17 財産目録の作成や、誰にいくら残すかなど検討が必要です。

私は故あって、自分が亡くなったあとの財産の処分を思いどおりに行いたいと思っています。生前贈与にするか、遺言によるかは決めていませんが、どのような点に注意すればよいのでしょう。

いろいろありますが、まず、あなたが生前贈与や遺言をしたいという理由を明確にしてください。たとえば、死んだ後の妻の生活が心配だ、家業は後継者である長男に任せたい、といったようなことです。そうすれば、おのずから、どうすればよいかが決まります。

いまおっしゃった「妻の生活が心配」という場合は、どうすればよいのでしょうか。

まずは、奥さんだけになったとき、生活費はいくらかかるかを知る必要があるでしょう。あなたの亡くなられたあと、奥さんに遺族年金などの収入があれば、それも考慮します。今と同じ生活レベルを守ってあげたいと思うなら、毎月、相応の生活費が得られるようにしてあげなくてはなりません。また、自宅があなたの名義であれば、奥さんに譲るようにすればいいのです。

けっこう大変なんですね。

そうですね。まずは、あなたの遺産をすべて確認する必要があります。自宅や預貯金、さまざまな動産、そういった財産の目録を作成してください。財産目録を作成し、どれだけあれば奥さんがやっていけるのか、検討も必要になります。そんなことわからないが、とにかくあるだけの財産を全部

【財産を残すために必要な準備】

①どういう理由で生前贈与や遺言をするのかを明確にする
・死んだ後の妻の生活が心配など

②財産目録を作成する
・預貯金であれば、銀行口座も書く
・妻への贈与や相続では、妻の年金収入等も調べる
・生命保険の死亡保障の額や受取人についても記載する

③どの財産を誰に残すか、具体的に決める
・法定相続分がどうなっているか調べる
・生前贈与なら自分の今後の生活費のことも忘れずに……

④法律に触れないか、トラブルとならないかを検討し、トラブルとなるようだったら対処する
・相続人の寄与分、特別受益、遺留分も考慮する
・贈与税や税金のことも調べる

⑤遺言を書いたら、不備がないかチェックをする
・専門家に相談して見てもらうのもよい

⑥遺言書の保管に注意する
・心配なら弁護士や信託銀行に保管を頼む

渡すんだ、という人もいるかもしれませんが。

財産目録の作成ですか。私など、自分に貯金がいくらあって、生命保険も保険金いくらのものに入っているかも知りませんが……。

だから財産目録が必要なのです。調べたら借金の方が多かったなどと笑えない話もあります。こうして、なぜ生前贈与や遺言をしたいかがはっきりし、自分の財産もわかったら、具体的に誰に、どういう財産を譲るかを検討します。

具体的には、どういうこどでしょうか。

さっきの奥さんへ遺産を譲る例で言えば、全部渡すというのでなければ、何と何を奥さんに渡すかを決めるのです。財産のうち自宅と、預貯金の中から1000万円を渡すといった具合に、具体的に決めます。もっとも、財産の3分の2を渡す、というように、割合で決めてもかまいません。また、古着、古本など細かい動産類は「その他動産類一式」とまとめてもよいのです。

それを生前贈与で渡したり、遺言に書けばいいのですね。

大筋ではそのとおりですが、そのまま思ったとおりにするとトラブルとなることがあります。相続人には「**遺留分《いりゅうぶん》**」というものがあって、これは、各相続人が最低でももらえる遺産の割合です。この遺留分を侵害すると、侵害した分の**侵害請求《しんがいせいきゅう》**（取戻しの請求）をされることがあるのです。このような法律上の規定についても調べて、クリアする必要があります。

そうした点をクリアできない遺言を書くと、遺言書自体が無効となるのですか。

遺言書自体が無効となるのは、法律で決まっている遺言の方式に違反したり、認知症などで遺言能力がないのに遺言をしたりした場合だけです。遺言が無効になることは少ないのですが、法律の規定で内容の一部が遺言者の意向どおりにならないということはよくあります。遺留分を侵害したケースもその１つです。生前贈与でも、たとえば、**愛人関係を維持するために贈与をしたとなると、公序良俗に違反するとして裁判で無効となったケースがあります**。あとは野となれ山となれ、という考えもあるかもしれませんが、問題があるとしたら、その問題はクリアしておくべきでしょう。

なるほど……そうですね。

最後に、財産を譲るための行動についてです。生前に贈与したいのなら、受取人と**贈与契約**を結びます。遺言で贈与（遺贈）したり、あなたの決めたとおりに相続をさせたいときには**遺言書**を書きます。ただし、前にも言いましたが、遺言書の作成には一定の方式がありますので、この方式にのっとって書くことが大切です。たとえば、**自筆証書遺言**だと、全文を自筆で書き（財産目録はパソコンでもいいようになりました）、遺言をした日付を入れ、署名を自書し、押印することが必要です。ただし、紙の大きさや万年筆を使わなければならないといった制約はありません。

第2章

生前贈与で思い通りに財産を渡すにはどうすればよいのですか

◎生前贈与についての考え方から、活用したほうがよいケース・手続きまで

自分の財産を、譲りたい人に思い通りに渡すもっとも確実な方法は、生きているうちに贈与をすることです。ただし、これには、いくつかの問題点があります。

最大の問題は、財産の贈与をすると、贈与した側にはその分の財産がなくなり、自分の老後の生活に支障をきたすことになりかねないことです。老後の生活費の分の確保は重要です。

また、財産がなくなれば、贈与を受けなかった子どもたちから冷たくされたり、場合によっては恨まれたりするかもしれません。財産があるからこそ大事にされるということもあるのです。

そのほか、相続人になる者に生前贈与した場合に「特別受益」になるか、「遺留分」の侵害とならないか、贈与税はどうなるか、などの問題もあります。

◆生前贈与についての

生前贈与の基本的な考え方についてマスターしよう

生前に財産を譲り渡すことを「**生前贈与**」といいます。生前贈与は、法律上は贈与契約にあたります。贈与は、財産を譲る人と財産を受け取る人との合意によって契約が成立します。もっとも、このような面倒なことを考えずに、譲りたいものを渡してしまえば、それで贈与は完了です。

生前贈与の注意点

生前贈与をした分は、自分の財産が減ることになりますので、贈与後の自分の生活費などが大丈夫かを考えておいてください。贈与が終わり生活に困っても、贈与した財産を返してくれとは言えません。

また、ほかにも相続人となる人がいる場合、不公平だといってモメることも考えられます。生前贈与の額が他の相続人の**遺留分**《いりゅうぶん》（相続人が必ず相続で受け取れる最低限の分）を侵害すると、相続の時点で金銭の請求（**遺留分侵害額請求**《しんがいがくせいきゅう》）をされる場合があるので、この点に配慮をすることが大切です。

生前贈与と遺言による相続・贈与

生前贈与にするか、遺言を書いて贈与（**遺贈**《いぞう》）するかは、状況を判断して決めることです。たとえば事業を一緒にやっている息子さんに跡を継がせたいなら、生前贈与もよいでしょう。遺言で財産を受け取らせることにしても、いつ遺言の効力が生ずるか（あなたが亡くなるか）は誰もわかりません。息子さんのやる気も、早めに贈与し、責任をゆだねた方が出ることでしょう。

遺言を書くと、原則として遺言書に記載したとおりに財産の移転がなされますが（遺留分を侵害すると取り戻される場合があります）、紛失や破棄などのリスクもあります。ある人に特定の財産を確実に、しかも自分の目の黒いうちに譲りたいという場合は、生前贈与を活用するのがいいでしょう。

考え方と手続き

◆生前贈与の手続きの流れ

贈与者 → 贈与契約 ← 受贈者

（断ることもできる）

※口約束でも有効だが、口約束だと贈与者は、履行が終わるまではいつでも撤回することができる。

↓

贈与契約の履行

＊いきなり贈与されるケースが多い

〔履行の方法・手続き〕

・動産→引渡し　・不動産→引渡し・登記

・預貯金→名義書換　・株式 → 名義書換（株券の引渡し）

＊生前贈与は、相続時に特別受益として扱われる場合がある。

〔贈与者（財産を譲る人）の注意点〕

①自分の老後の生活費は大丈夫か

②財産がなくなり、家庭で疎外されることはないか

③生前贈与がかえって、家族の間で争いのタネになることはないか

・各推定相続人への過去の生前贈与の確認（不満が出ないかなど）

・各推定相続人の遺留分の検討

生前贈与を活用した方がよいのはどんな場合ですか

1 法定相続では対応できないケースで活用することができます。

私には結婚していない女性（いわゆる愛人）との間に子がいるなど、家庭環境が複雑で、このままでは、私が死んで相続となったとき、争いとなることは必定です。そこで、できれば生きているうちに財産分け（**生前贈与**）をしておきたいのですが、どうすればうまくできるか教えてください。

自分の財産は、誰に対しても、いつでも贈与（無償で譲り渡すこと）ができます。相手は自分の妻や子（**推定相続人**）だけでなく、婚姻外の女性だろうと、認知届をしていない子だろうとかまいません。生前贈与とはそういうものですが、ただ、生前に贈与するわけですから、自分の生活に必要な財産が減るリスクを負います。そのあたりもよく考えて、相続になればもめそうな場合や、緊急に贈与する必要がある場合に活用するとよいでしょう。

遺言で指定して渡す方法もあると思いますが、生前贈与をするのと、どちらがいいんでしょうか。

一概には言えません。生前贈与だと、贈与した財産は確実に相手に渡りますが、いったん贈与したものは取り戻せませんので、あなたのその後の生活費に事欠くことになるかもしれません。遺言の場合は、作成に厳格な方式が定められていますので、作成ミスで無効になったり、遺言状が発見されなかったり、発見されても無視されることもあります。

生前贈与をうまくやるには、どんなことに注意したらいいでしょうか。

贈与したあとの自分の生活費に影響しない範囲で、かつ、各相続人の遺留

分を侵害しない範囲で贈与をすることです。そうすれば、あなたが亡くなられた場合に、遺留分に見合うだけの財産は各相続人が受け取れることになりますので、遺留分侵害を理由にトラブルとなることはありません。ただし、感情的な対立を生むことはあります。それがいやなら、事前によく説明して、納得してもらうしかないでしょう。もちろん、相続人の了解を得なければできないということではありませんが。

【生前贈与・遺言のメリットとデメリット】

	生前贈与	遺言書の作成
メリット	①確実に財産を譲り渡すことががができる。 ②手続きが比較的簡単。 動産→引渡し 不動産→引渡し・登記	①死亡するまで、財産を持ち続けることができる。 ②公正証書遺言にしておけば確実に保管される。 ③自筆証書遺言書も法務局で保管してもらえる。
デメリット	①贈与後は財産が少なくなり、思わぬ出費に苦しむこともある。 ②贈与する相手によっては、推定相続人とうまくいかなくなることがある。 ③相続人の遺留分を侵害する場合がある。 ④相続税よりも高い贈与税がかかる。	①法律で定める一定の方式による遺言書でないと無効となる。 ②自筆証書遺言の場合、紛失したり、隠匿される場合がある。 ③発見者は裁判所に行って検認の手続きをしなければならない。 ④遺留分を侵害すると、他の相続人から侵害額の支払請求をされる場合がある。

生前贈与の具体的な手続きの流れはどうなっていますか

2 贈与契約のあとで財産の移転（履行）をしますが、同時にする場合も多いのです。

私は、自分が生きているうちに、妻と子に不動産を譲りたいと考えています。一般的な贈与の手続きの流れについて教えてください。

生前贈与を考えておられるわけですね。贈与は、特定の財産を無償で譲るという契約をすることで成立します。贈与者が、ある人に対して金銭や不動産などを譲る申入れをし、譲受人（受贈者）がその申入れを承諾することによって成立するんです。なお、**贈与契約は口頭（口約束）でも成立しますが、贈与者は履行がすむまではその契約の撤回ができます。契約を書面にしたときは、もう撤回できなくなります**。ただし、夫婦間でした契約（贈与契約を含む）はいつでも取り消すことができますが。

お金ならすぐに渡すことができますが、不動産などは、いろいろ面倒な手続きが必要かと思うのですが……。

そうですね。金銭の贈与の場合には現金の手渡しや銀行振込み、あるいは小切手の交付などで行ないます。宝石や美術品などの動産の場合にも、単にそのものを引き渡せばいいのです。土地や家屋の場合には、通常、引渡しと所有権の移転登記によって行ないます。引渡しというのは、住宅であれば鍵を渡すようなことですが、不動産の所有権の移転を第三者にも対抗するためには、登記名義を受取人に移すことが必要とされています（民法177条）。この登記は、司法書士という専門家に頼んだほうがいいかもしれません。申請書の作成や添付資料の取り寄せなど、素人ではたいへんだからです。

わかりました。生前贈与の手続きでとくに注意することがあるでしょうか。

生前贈与をすれば、それだけ自分の財産を減らすことになりますので、贈与後の自分の生活のことも考えておくことが重要です。また、あなたが亡くなったときの相続人の相続額に影響をしますので、各相続人の遺留分は侵害しないように配慮した方がいいでしょう。贈与したことが原因で、ほかの相続人との間で感情的な対立が起きることもあります。機会を見て、推定相続人（相続人になる人）には、なぜ贈与するのかの理由をきちんと説明しておくべきでしょう。

【贈与契約書のサンプル】

贈与契約書

1．東京都○○市新川○丁目○番○号

　土地　○○平方メートル

　上記土地は贈与者田中一郎の所有であるが、贈与者田中一郎はこれを受贈者田中花子に贈与することを約束し田中花子もこれを承諾した。

　上記契約を証するためこの証書を作り、各自署名・押印し、各々その一通を保存する。

　令和　年　月　日

住所

贈与者　田中一郎　㊞

住所

受贈者　田中花子　㊞

税金のことなども心配なんですが……。

年額110万円を超える贈与だと贈与税がかかりますので、贈与を受けた人は贈与税の申告をする必要があります。また、**贈与税の配偶者控除の特例**（婚姻期間が20年以上の場合、居住用不動産または住宅取得資金の贈与では基礎控除の110万円に加えて最高2000万円までは非課税）を利用する場合には、非課税であっても申告が必要です。また、不動産の取得では、贈与税のほかに**不動産取得税**がかかります。この不動産取得税は都道府県税（地方税）ですので、土地家屋の所在地を管轄する市区町村役場あるいは都道府県税事務所に申告します。不動産の評価額等については、同所で事前に確認してください。

生前贈与で注意する点はどんなことですか

3 贈与はいったん相手に渡してしまうと、返せとはいえなくなります。

私の子どもたちは仲が悪く、このままでは相続でもめるだろうと思っています。それを避けるために、生きているうちに財産を分けておきたいと思っていますが、それにあたって注意することはどういうことでしょうか。

一般に、生前贈与にあたっての注意点は、次のようになります。まず、**いったん贈与すると、返してくれとは言えないこと**です。２番めは、**相続人になる者のうちの特定の誰かに対して、ほかの者の遺留分を侵害するような額の贈与をすると、相続時に大もめになることがあるということ**です。３番めは、**通常、贈与税は非常に高いので、贈与税対策が必要だということ**です。

贈与したものを返してもらえないと、どんな問題があるんでしょうか。

それは、残った財産で老後の生活費は足りるから大丈夫だと思っていたとしても、病気をしたり、予想以上に長生きして生活費がかさんで、困ることにならないとも限らないんです。また、家や土地の贈与は、贈与が終わってしまえば自分の所有ではなくなるのですから、最悪の場合、なんだかんだと言って追い出されるようなこともありえます。

そうですよね……。２番めの、遺留分を侵害するような額を贈与をすると相続時にもめることがある、ということについても、もう少しくわしく……。

それぞれの相続人には「これだけは最低限相続できる」という割合が決まっていて、これが**遺留分**です（⇒34ページ）。したがって、**この遺留分**

に足りない額の相続しかできなかった人は、遺留分に達するまで、多額の贈与を受けて遺留分を侵害した相続人に対して侵害額の支払いができます。生前贈与で(遺言による遺贈でも同じですが)、この遺留分を侵害することになると、相続時にもめることになるということです。

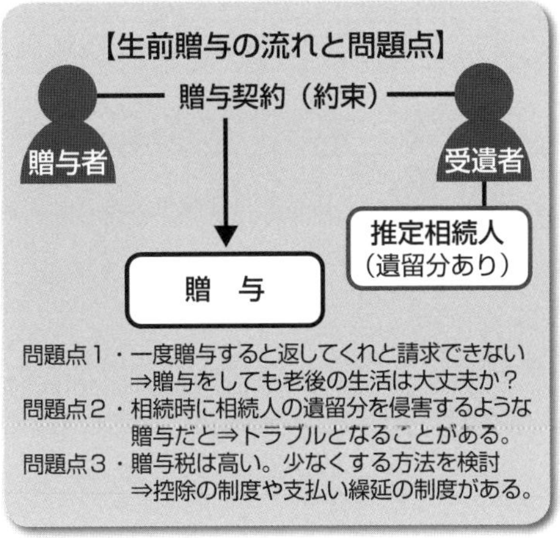

３番めの贈与税についてはどうでしょうか。

贈与を受けた人には、通常、贈与税という高い税率の税金がかかります。しかし、**相続時精算課税**といって親（65歳以上）から子（20歳以上）への贈与では実質的に相続税と変わらない税金ですむ制度や、**婚姻期間が20年以上の配偶者への居住用不動産またはその取得資金の贈与の特例**(基礎控除110万円に加えて最高2000万円まで非課税）がありますので、こうした制度を有効に活用することです。

わかりました。そのほかにもなにか注意点があったら聞かせてください。

日本人の場合、財産を生前贈与したり、遺言を書いて相続のしかたを指示したりすることは一般的ではないようです。なにもせずに亡くなって、相続は法定相続となることが多いんです。そのため、相続といえば法定相続分で財産を受けるのが当然という認識が根強くあって、特定の誰かに生前贈与をしたりすると、贈与を受けなかった側との関係がギクシャクしがちです。ですから、**漫然と生前贈与をするのではなく、そうしなければならない理由について、贈与を受けない人への説明、説得の努力を怠らないことが大切**です。

生前贈与で特定の子に多く受け取らせるにはどんな注意点がありますか

4 相続時の差引きや「遺留分」侵害に注意する必要があります。

自分の財産を相続させるにあたっては、子の１人に家業を継がせたいとか、介護の面倒をみてくれた子には多く渡したいとか、子でなくとも妻に生活資産を丸ごと渡したいとかいった要望も出てくることでしょう。

その要望を満たすために取れる手は２つです。まずは遺言を書き、それぞれの相続人の受取り分を指定する方法（**指定相続**）です。特定の相続人が法定相続の割合を超えて受け取る部分は、遺言によって贈与（**遺贈**）がなされたことになります。

もう１つは、まだ生きているうちに、特定の相続人に財産を分け与えることです。これは、遺贈と区別する意味で「**生前贈与**」と言われています。

◎生前贈与をしただけでは特定の相続人に財産を多く渡せない

それぞれ基本的には財産を残す人（被相続人）が自由にしていいことですが、一方で、被相続人がとくに相続のしかたを遺言で指示しないときには法定相続になり、たとえば夫婦の間にできた子はみな均等に親の財産を受け取る定めになっているのです。この場合、特定の子どもが生前贈与（正確には、その中で「**特別受益**」にあたるもの……くわしくは後述）を受けて、すでに多くもらっている分は、その子どもの相続分を減らすことによって、最終的にはほかの子どもと均等に受け取ることになる処理をします。

遺言で特定の子どもに「この財産を譲る」と指定（＝遺贈）してあっても同じです。それだけでは、**その遺贈でうけたプラス分は特別受益となり、相続分の計算で差し引かれて、結果としてはほかの子どもと均等に受け取ることになってしまいます**（民法903条１項⇒具体例は80ページ）。

これは、遺言（ほかの意思表示の方法でもいいのですが、遺言書にきちんと書くのが確実でしょう）によって、**その子に対して相続分とは別わくで多く受け取らせるつもりであることをはっきり書いていないからそうな**

るのです。親の意向がはっきりしないときは、たとえ特定の子に遺贈や生前贈与によって多く受け取らせていても、それは相続の前渡しをしただけであって、最終的にはほかの子らと均等に財産を分けさせるつもりなのだろう……と推し量るのが法律（民法）の規定なのです。

とはいえ、**そんな争いが万一にも起きないようにするためには、やはりはっきりと「長男の○○には、相続分とは別にこれこれの資産を遺贈する（あるいは生前贈与によって与えた）」、もしくは「長男の○○におこなった生前贈与については、相続にあたって特別受益の持戻しを免除する」**（「持戻し」については80ページ）**などと遺言に書いておくべきでしょう。**

なお、平成30年の民法改正（令和元年７月１日施行）で，配偶者への居住用不動産の贈与については、一定の場合には持戻し免除の意思が推定されることになっています（民法903条４項）。

◎最後には「遺留分」の壁がある

なお、生前贈与や遺贈での受取り分が多すぎると、それを差し引いて相続分がゼロになっても、まだ引ききれていない残りが出ます。しかし、その残りの分は受け取ったままでいいことになっています。その場合、子どもみんなが均等の受取りにならず、生前贈与などを受けた子が親の財産を多くもらう結果となりますが、それはもともと親がそういうつもりだったのだということで、話をそこでおさめるのです（民法903条３項）。

ただし、上のようなことで特定の子が親の財産を多くもらった結果、**ほかの相続人の「遺留分」まで侵害している場合には、侵害された相続人から侵害部分の取戻し請求（遺留分侵害額請求）を受けることはあります。**この点は、特定の子どもに多く遺産を渡したいときの、最後の壁になります。

生前贈与や遺贈で特定の子に多く与えたいとき

↓

受取人に特別に相続分とは別に受け取らせる旨をはっきり示す。
（＝「持戻しの免除」を指示しておく）

生前贈与・遺贈をしたときの「持戻し」と相続分の計算

生前贈与や遺贈によって特定の相続人だけに財産を多く受け取らせようとしても、それのみでは多く受け取った分だけ相続分の計算から差し引かれ、結局は多く受け取ることができなくなるのが民法で決められた法定相続のルールです。

つまり、受け取った分のうち特別受益になる分は遺産に組み込まれそれを相続分で分割することになります。それを避けるには、その相続人には特別に多く受け取らせるんだという意思を、遺言などではっきり示しておかなければなりません。

これに関して注意が必要なのは、相続人となる者に生前贈与をしたからといって、その贈与のすべてが相続分からの差引き計算の対象になるわけではないということです。生前贈与のうちでも、「特別受益」にあたるものが、相続時に相続分から差引きされると定められているのです（ただし、そうしない旨の意思表示を亡くなった人＝被相続人がしていれば、相続分からの差引きは免れます（「持戻しの免除」…民法903条１項、３項⇒81ページ）。

それでは「特別受益」とはなにかというと、次のように決まっています。

> ①　結婚・養子縁組のための（生前の）贈与
> ②　「生計の資本」とするための（生前の）贈与
> ③　遺贈（遺言による贈与）

上の３つのどれかを相続人となった者が受けているとき、その余計にもらって得している分を、相続の受取り分からは差し引く計算をして、相続人のなかの不公平を解消しようとするのが、この条項の趣旨なのです。

◎「特別受益」かどうかの線引きは難しい

上の①は意味がわかりやすそうです。③の遺贈は、どういう名目であれ、すべて「特別受益」に入れられます。しかし、「結婚・養子縁組のための贈与」とは具体的になんなのか、よく考えると範囲があいまいです。一般に、持参金や支度金、嫁入り道具一式を与えることなどは含み、結納金や挙式費用は含まないとされますが、金額にもよることでしょう。

②の「生計の資本」は、それだけではよくわかりません。

例としては、新居を買うとき支援を受けたり、開業資金を出してもらったり、農家で田畑を分与されたりすることがあります。

一方、親元に住まわせて生活を援助したお金や、教育にかけた費用などは「特別受益」にあたらないとされています。ただし、家の経済状況からして子のうち１人だけ特別に私立医大を出したような場合には、「特別受益」とされるケースもあります。

実際には、上の①～③のケースにかぎらず、およそその家族の資産や収入の程度、生活状況などに照らして、まとまったお金といえる額を生前贈与で与えた場合は（遺贈はもちろんのこと）、すべて「特別受益」にあたるとみる考え方も有力です。ただ、どれほどの額なら「まとまったお金」と言えるのかも、なかなか一律には決められない問題ではあります。争いになれば、最終的には家庭裁判所の審判で決着をつけるほかありません。

◎遺言に「相続とは別に与える」旨を書いておく

いずれにせよ、特定の相続人あてに生前贈与や遺贈（遺言による贈与）をしたとき、それはその受取人に、もともとの法定相続分とは別のものとして余分に遺産を与えるつもりなんだというときには、遺言書に、たとえば次のような一文を入れておく必要があります。

- 長男一郎には、当人が代表を務める○○商店開業の資金として金500万円を贈与してあるが、これについては一郎の相続分から控除しないものとする。

生前贈与が「特別受益」にあたるかどうかわからないときにも、相続人の間で争いになるのを予防するために、上のような文を入れておきましょう。

相続人になる者に法定相続分より多く与えたいとき
⇒ 生前贈与または遺贈　＋　相続分とは別に与える旨の遺言

生前贈与・遺贈と、相続にあたっての「持戻し」の計算

「特別受益」の規定は、生前に（あるいは遺言による遺贈で）「特別受益」を受けている相続人の相続分を減らしてバランスをはかるためにあります。

これについて、具体的な例で、実際の処理のしかたをみてみましょう。

〔事例〕　甲野さん（＝被相続人）が、奥さん（＝配偶者）と長男、次男を残して亡くなったとします。

甲野さん死亡時の財産の総額は2400万円でした。しかし、甲野さんは、生前、長男に、独立開業の資金援助として600万円を贈与していました。次男には、遺言で240 万円の遺贈を行いました。

相続時の遺産総額は2400万円です。そして、甲野さんは長男に600万円の生前贈与（特別受益）を受けさせ、次男には240万円の遺贈（これも特別受益）を受けさせています。これらのお金を、法定相続のルールどおりに分けたらそれぞれ受け取ることになる金額から差し引いて、公平をはかる処理をしなければなりません。これを特別受益の「**持戻し**」といっています。

計算の処理は、「特別受益」の額を遺産の額に足し合わせて、「みなし相続財産」の額を出すことからはじめます。相続前に流出した金額をもとに戻して、本来ならあったはずの遺産総額になおすのです（ここで注意することは、次男に対する「遺贈」の額は、まだ遺産から出ていっていないので、加える計算をしないということです）。

遺産額	2400万円
長男への生前贈与	600万円
計）	3000万円　⇒「みなし相続財産」の額

出てきた「みなし相続財産」の額＝3000万円を、法定相続の割合によって、それぞれに振り分けていきます。

	法定相続分		みなし相続財産		
奥さん	1/2	×	3000万円	=	1500万円
長男	1/4	×	3000万円	=	750万円
次男	1/4	×	3000万円	=	750万円

この振り分け額から、各人が受けている「特別受益」の額を引きます。

奥さん　1500万円（「特別受益」はないのでこのまま）

長男	750万円	−	600万円（生前贈与の額）	=	150万円
次男	750万円	−	240万円（遺贈の額）	=	510万円

そして、いよいよ各人の最終の受取額を出します。次男に遺贈された240万円は、まだ相続財産のなかから出ていっていないので、「みなし相続財産」の額を計算するときに足し合わせませんでした。「みなし相続財産」を次男の法定相続分で振り分けた額が750万円、そこから遺贈という特別受益の分＝240万円を引いて510万円という数字になったのですが、この額に遺贈された240万円を再度足し合わせないと、次男の最終の受取額になりません。

結局、Dについては、引いて足してで同じことになって、最終的な受取り額は750万円ということになります。

【それぞれの最終的な相続額】

奥さん　1500万円
長男　150万円
次男　750万円
——遺産額の2400万円に一致

すでに述べたように（⇒78ページ）、遺産を残す者がこのような特別受益の「持戻し」の処理を回避し、生前贈与や遺贈を相続とは別建てのプレミア分として受け取らせたいときには、遺言などの意思表示で「持戻しの免除」をしておかなければならないのです。

「死んだら贈与する」という契約ができるそうですが、どういうものですか？

5 「死因贈与契約」といい、贈与者の死後に受贈者は財産を取得します。

私の息子は交通事故で死んだのですが、いま私は、この息子の嫁と、その子（私からすると孫）の３人で暮らしています。このほか、相続人になる者としては別に暮らしている娘が２人います。この嫁にはたいへん世話になっているのですが、聞くところでは私の遺産の相続権はないということで、このままではまったく申しわけないことになってしまいます。それで、この嫁に、私が死んだら財産の一部を贈与したいと思っているのですが……。

死んだら物やお金をあげるという契約は、「**死因贈与契約**」です。これは口頭でしても有効ですが、あなたが死亡し、相続が開始すると、そんな約束は聞いていない、などと２人の娘さんが言い出して、契約をめぐる争いになりかねません。これを避けるには「私が死んだら○○を贈与する」といった内容の死因贈与契約書を作成しておいてください。

わかりました。その「死因贈与契約」を結ぶには、どんな点に注意すればいいんでしょうか。

通常の贈与契約と違うのは、贈与の時期があなたの死亡時になるということです。それと、その贈与が相続人の「遺留分」を侵害した場合は、贈与を受けた人（あなたの場合は息子さんのお嫁さん）に対し遺留分侵害額の支払請求がなされる場合があります。「遺留分」に足りない額を取り戻されるということです。

では、娘たちからその「遺留分」を取り戻されないためには、どうすればいいんでしょうか。

あなたのケースでは、娘さんたち（あなたが亡くなれば相続人になる推定相続人）の遺留分は全遺産の２分の１ですから、財産の半分以下の贈与であれば問題はないでしょう。ただし、贈与するものを明確にせず、ただ「遺産の２分の１を贈与する」などとしておくと、具体的に誰がどの遺産を受け継ぐかでもめることになりますので、**たとえば「1000万円を贈与する」などと、渡すものを明確にしておいてください。**

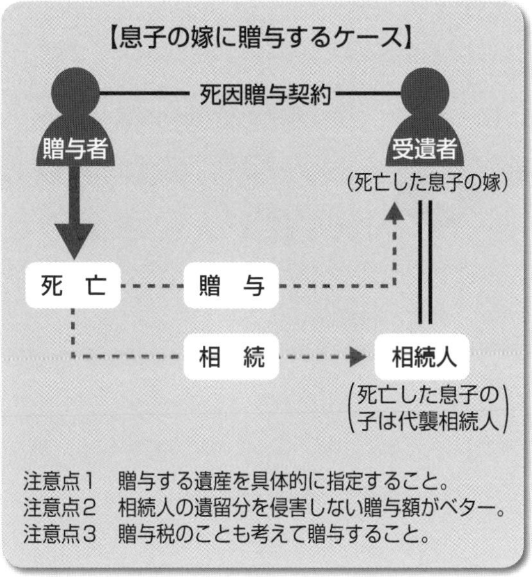

なお、あなたのケースでは、死亡した息子さんのかわりにお孫さんが相続人（代襲相続人）となって相続できますので、この点も考慮に入れてください。

わかりました。ところで、税金についてはどうなりますか。

息子さんのお嫁さんは相続人ではありませんので、相続税よりも高額の贈与税がかかることになります。したがって、**税金に関して言えば、息子さんのお嫁さんへの贈与は少なめにして、お孫さんの相続分を他の相続人の遺留分を侵害しない範囲で多くすることをおすすめします。**遺言でお孫さんの取り分を多く相続させる「遺贈」をすると、これも贈与といえば贈与ですが、税金については税率の高い贈与税ではなく、税率が低く控除額も大きい相続税の対象となります。

それ以外に、毎年、基礎控除の110万円（非課税）の範囲内で生前贈与を続けていく方法もありますから、ご検討ください。

いっしょに事業をやっている息子にうまく事業を継がせたいのですが…

6 事業が株式会社ならば株式の贈与、個人事業なら事業用資産を生前贈与できます。

事業を手伝わせている息子も40歳になり、そろそろ私に代わって事業を任せていいと考えています。そこで、事業を譲渡をしたいのですが……。

その事業が株式会社の形態であれば、株式を譲渡すればよいでしょう。株式の譲渡は、株券を発行していない会社では名義書換え、株券を発行している会社では株券の譲渡（贈与）で行います。また、個人事業であれば、あなたが所有している事業用資産を息子さんに贈与することになります。

そういう処理は、私が生きているうちにするのがいいんでしょうか。

身内に後継者がいる場合は、ご自分の目の黒いうちに事業を承継させたほうがいいでしょう（**生前贈与**）。というのは、中小の会社や個人事業では、事業用資産以外にこれといった資産がないことが多いからです。生前になにも対策を立てておかないと、法定相続になって、相続人が複数いればそれぞれの相続分を満たすために事業用の資産を売却することになりかねません。

遺言で、息子が事業を継ぐように指定しておくのではだめなんですか？

遺言は、遺言どおりにことが運ぶとは限りません。事業の承継を受けた人以外の相続人から不満が出て、遺言とは違う遺産分割をしてしまうこともあります。生きているうちに事業を譲り、ほかの推定相続人（あなたが亡くなると相続人になる人）に対しては別途埋め合わせを考える、という対応の方がよいでしょう。生きてるうちに贈与をすませれば、後継者に事業が承継されたことをあなた自身が確認できますし、まだ相続は発生していませんので、推定相続人は、原則としてその贈与について文句を言えないからです（遺留分の侵害額請求は、あなたが亡くなって相続が生じてからでないとできません）。

なるほど……。ところで、生前贈与をする場合、税金はどうなるのですか。

生前贈与で最大の問題は、通常、贈与税は相続税に比べて税金が高いということです。この点については、生前贈与するにあたり対策が必要です。しかし、「**相続時精算課税制度**」など、贈与税額を緩和する特例も多くありますので、こうした制度を十分に活用すればよいでしょう（生前贈与の税金対策⇒96ページ参照）。

◆事業と生前贈与のしかた

事業形態	贈与の方法
株式会社	株式の名義書換（株券の贈与）による会社の支配。 事業承継のための会社資産の贈与はできない。
持分会社　合同会社 合資会社 合名会社	持分の譲渡（贈与）。 ただし、原則として他の社員の承諾がなければ譲渡することができない。
個人事業　農業 商店	農地等の贈与（農地等の贈与については特例がある）。 不動産（店舗や土地）、販売関連の動産の贈与

注）共同組合やNPO法人については、基本的には事業承継はありません。

農地を生前贈与したいのですがどんな問題がありますか

7 贈与者が亡くなったとき、遺産分割で問題が起きないようにしておきます。

先祖代々の土地で農業をしています。子どもは３人いますが、長女は嫁ぎ、長男は都会に出て働いており、それぞれ家庭をもっています。私としては、農業を共にやり、同居もしている次男に農地を贈与したいのですが……。

農家の財産のほとんどは農地、という例が多いのですが、この農地が遺産分けで分散してしまうと、農業をやっていくことができなくなります。解決法は、後継者に農業関連の財産の一切を譲ることです。**後継者への農地などの生前贈与**、あるいは**遺言で農地をまとめて受け継がせる（遺贈する）方法**が考えられますが、生きているうちに結果がわかる生前贈与が確実でしょう。

一切を譲るとしたら、ほかの子どもたちは不満をもつと思いますが。

不満が出ることも考えられますね。子どもには相続に際して必ず受け取れる「遺留分」（34ページ参照）がありますから、それを主張されてトラブルになりかねません。この点については事前に手を打っておく必要があります。

生前に財産を譲ってしまう生前贈与なら、相続のとき問題になるという「遺留分」は関係ないように思うのですが。

そうではありません。**農地など「生計の資本」を生前に贈与した場合は、受け取った者の「特別受益」となります**（民法903条１項）。この「特別受益」は、あなた（被相続人）が亡くなったときに残っている財産に足してから、それぞれの相続人の相続分遺留分を計算することになります。生前贈与がなかったとしたらの額に戻して、それを計算のもとにするわけです。**計算の結果、農地をもらったお子さん以外の相続人の受取り額が遺留分を下回っていれば、遺留分の侵害となってその分の支払請求ができるのです。**

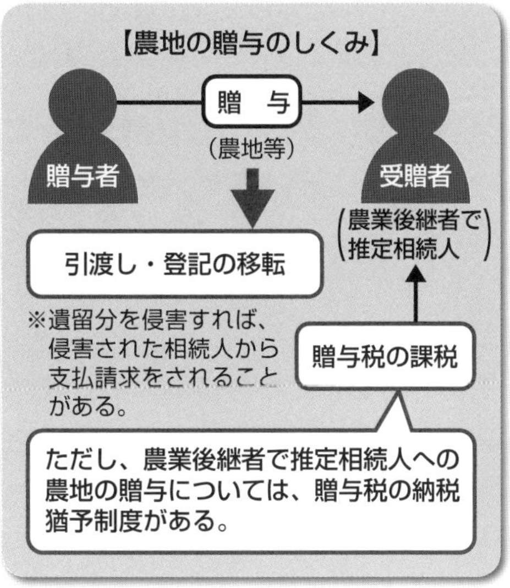

それじゃあ、子どもの１人に農地を贈与しても無効ってことなんですか。

遺留分の侵害額請求をするかどうかは遺留分を侵害された相続人の自由で、贈与そのものが無効となることはありません。ほかの相続人の了解を得られるよう、話合いから始めることです。

わかりました。ところで、生前贈与は税金が高いようですが……。

贈与税は、贈与された財産の評価額に対してかかりますが、農地の評価額は宅地よりも安くなっています。税率は通常の贈与税と同様で、110万円の控除（年に110万円までの贈与なら非課税）があります。

　あなたが質問された後継者への農地の贈与では、**農地等の猶予制度**があります。これは、「農業の用に供するため、農業を営んでいる人の推定相続人が農地等を一括して贈与を受ける場合には、一定の期間、贈与税の納税が猶予される」というものです。また、３年に１度の納税猶予の継続届出書を提出すれば猶予期間は継続し、贈与者が死亡した場合には贈与税は免除され、相続したものとみなして相続税が課されます。適用にあたっては一定の要件があり、手続きも必要ですので、税務署で相談してください。

同居の長女に自宅を生前贈与をしたいのですが…

8 死亡後の相続でもめないようにうまくやることです。

私には妻と３人の子がいますが、子のうち２人は独立して結婚し、長女のみが未婚で同居しています。私ももう年ですので、長女の行く末が心配で、目の黒いうちに唯一の財産といえる住宅を贈与したいのですが。

住宅を生前に贈与することは、当然、可能です。しかし、住宅以外にこれといった財産がないとすれば、ほかのお子さんたち（あなたが亡くなったら相続人となる推定相続人）は不公平だと思って、黙っていないでしょう。民法は、法定相続分として遺産の２分の１は妻に、残りの２分１は子が均等に相続すると定めています。つまり、仮に法定相続であれば、子は唯一の財産である住宅について２分の１の権利があり、それを平等に相続できるはずなのです。お子さんは３人ですから、１人あたりは6分の１ずつの権利があります。それがなくなるのですから、トラブルになる可能性が高いでしょう。

具体的にはどんなトラブルになるんでしょうか。

各相続人にこれだけは残さなければならないという遺産の割合があり、これを**遺留分**《いりゅうぶん》といいます。生前贈与や遺言の指定による相続で問題となるのは、この遺留分を侵害する場合です。あなたのケースでは、相続財産の半分が相続人全体の遺留分となり、奥さんが４分の１、子どもさんがそれぞれ12分の１ずつの遺留分をもっていることになります。この遺留分を侵害すると、**遺留分侵害額請求**《いりゅうぶんしんがいがくせいきゅう》といって、遺留分に満たない相続人は遺留分を満たすまでの不足分の請求ができるのです。

では、どうしたら……。なにかいい方法はありませんか。

事前に奥さんやほかのお子さんと話し合って、理解を求めることが先決です。その話合いでは、長女があなた方ご夫婦の面倒をみていること（ケースによっては寄与分（43ページ）が生じることや、**独身でお子さんもいないのなら、いずれその財産は兄弟姉妹が相続することになる**ことを強調してください。ただ、そのときは了解してくれたとしても、実際に相続が起きたとき、その了解に効力があるかといえば、ありません。確実なのは、推定相続人が家庭裁判所に申し立てて**遺留分の放棄**（35ページ参照）をしている場合だけです。

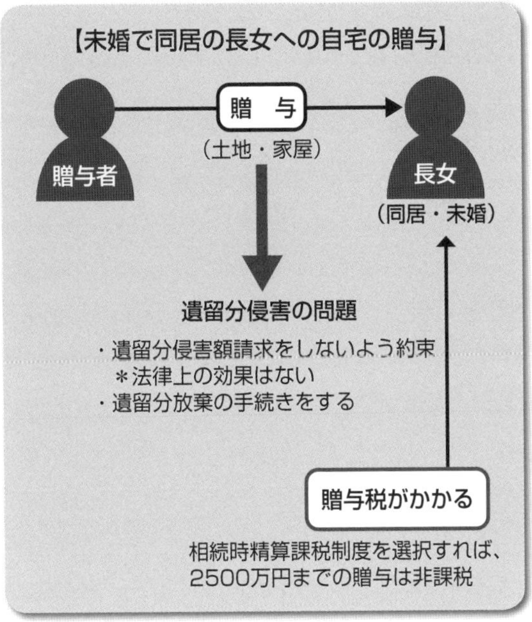

わかりました。では、住宅を贈与した場合の税金はどうなりますか。

生前贈与では贈与税がかかりますが、あなたが65歳以上で長女が20歳以上ならば、**相続時精算課税制度**を活用するといいでしょう。これは贈与を受けたときに贈与財産に対する低率の贈与税を納め、贈与者が亡くなったときに、その贈与財産と相続財産を合計した価格をもとに相続税額を計算し、すでに納めた贈与税額を差し引いて納めるというものです。相続時精算課税を選択すれば、2500万円の控除額がありますので、この金額までは非課税で、これ超えた場合には税率20%の税率を掛けた贈与税を納めます。（相続税精算課税制度については97ページ参照）

子への事業承継を生前に行うにはどうすればよいのですか

9 生前に株式会社なら株式、個人事業主なら事業資産の贈与をします。

私は、小さな町工場の経営者です。息子が１人手伝ってくれていますが、ほかに娘が２人います。経営状況は赤字ですが、不動産があり、資産はかなりあります。私も70歳を超えたので、息子に事業を譲って引退したいのです。

事業承継のご相談ですね。事業形態が株式会社なら、株式を息子さんに贈与すればよいでしょう。個人事業であれば、事業資産を贈与することになります。また、個人事業の資産（現物出資）等で株式会社を設立して、株式を贈与するという方法もあります。なお、会社が有限会社であったのなら、会社法という法律によって、いまでは株式会社（ただし「特例有限会社」として名称は有限会社のまま）になっています。

うちの会社は小さいですが、いちおう株式会社で、私が大半の株式を持っています。お話のとおりだと、株式を息子に贈与すればいいんですね。

そのとおりです。息子さんが株式の大半の贈与を受けるということは、会社の経営権を持ち、会社の財産も全部を手中にすることになります。会社は赤字とのことですが、**資産（不動産や売掛金債権など）の金額から負債（借金など）を差し引いた金額が株式の贈与にともなう実質的な贈与額と考えてよいでしょう**。これが多額ですと、ほかの推定相続人（あなたが亡くなると相続人になる人）ともめるかもしれませんね。

それは、私の妻と２人の娘ということですね。

そうです。相続人になるのは、あなたの奥さんと、跡継ぎの息子さんを含めた３人ですが、相続問題が生じるとしたら、その２人の娘さんとの間でしょう。

なるほど。私と妻は息子と同居暮らしですが、あとの娘２人は嫁いでいます。２人とも家計が大変だなどといって、よくお金をもらいにきます。

相続のときにもめそうでしたら、早めに対策を考えた方がいいでしょう。まず、会社の資産も含めて、あなたの財産がいくらあるか、財産目録を作成してください。そして、あなたが息子さんや娘さんに渡したお金など（**特別受益**⇒78ページ）も記載します。この２つの合計が相続分の計算のもととなる額になります。この額から事業を手伝ったり同居して老後の生活の面倒をみた**寄与分**（この分は息子さんの相続分に加算されます）を差し引いた額をベースに、各相続人に最低限残さなければならないとされている遺留分を計算します。そして、**娘さんたちが相続で主張できる遺留分を満たしてあげられるだけの資産を、別途、用意しておけばよい**のです。遺留分を侵害する贈与が無効ではなく、侵害額の支払請求がなされたときに不足分を返せばいいだけのことですから。

なるほど。あと、贈与税が高いのでは、という心配があるんですが……。

事業承継の場合には、**事業承継時の特例（取引相場のない株式等に係る贈与税の納税猶予）**がありますので、これを活用するといいでしょう。この特例は、一定の後継者が、一定の要件を満たす非上場会社を経営している親族からの贈与によってその会社の株式等の全部を取得し、その会社を承継していく場合には、猶予対象株式等の贈与にかかる贈与税の全額の納税が猶予される、というものです。そして、贈与者の死亡時に、その後継者が猶予対象株式等を相続により取得したものとみなして相続税が課せられます。つまり、**うまく活用すれば、贈与者の死亡後に相続税を払えばすむ**わけです。

遺留分の出し方の例（推定相続人が妻と子ども3人の場合）

本例の妻と子3人の相続では、全員で全遺産の2分の1が遺留分。各人の遺留分は、この全体としての遺留分を各人の法定相続分に応じて分割します。そうすると、それぞれの遺留分は、

・妻　$\frac{1}{2}$（全体の遺留分）×$\frac{1}{2}$（法定相続分）＝$\frac{1}{4}$

・それぞれの子　$\frac{1}{2}$（全体の遺留分）×$\frac{1}{2}$（法定相続分）÷3（子の数）＝$\frac{1}{12}$

〔例〕贈与後の財産⇒1億円……①

贈与額…後継者の息子⇒2000万円（株式の評価額）

長女⇒600万円（贈与の既済み額）

次女⇒600万円（贈与の既済み額）

贈与額の合計＝3200万円……②　※贈与額が全額特別受益になると仮定

↓

仮に、相続時まで、贈与後の財産がこのままだとすると、
遺留分の計算のもととなる金額は
①＋②＝1億3200万円……〈A〉

↓

それぞれの子の遺留分は〈A〉の12分1ずつ
1億3200万円×12分の1＝1100万円

＊特定の子(相続人)に、亡くなった父親(被相続人)の事業の手助けや療養介護による寄与分が認められる場合は？⇨他の相続人の遺留分の額には影響を与えません。誰かに大きな寄与分があるからといって、他の者の遺留分の額がその分減りはしないということです。これについては解釈上争いがありましたが、平成30年の法改正で、寄与分を考慮しないで計算することがはっきり定められました（民法1046条2項2号）。

↓

相続で長女・次女がそれぞれ最低限もらえる実際の遺留分の額
1100万円－600万円（生前贈与分）＝500万円

＊生前贈与(特別受益)があるときは、その額を計算上の遺留分額から引いた額が最終的にその受贈者(受益者)が主張できる遺留分額になります（民法903条1項）。

◆生前贈与に関する遺留分と寄与分

◎生前贈与と遺留分の関係

遺言による相続（遺贈）の場合だけでなく、生前贈与についても遺留分の規定（民法1042条以下）は適用になります。遺留分とは、財産のうち、遺族の一定の相続人に必ず残さなければならない部分のことで、通常、遺産の２分の１です（親など直系尊属のみが相続人の場合は３分の１、兄弟姉妹には遺留分はありません）。遺留分の侵害が問題となるのは生前贈与者の死後で、遺留分を侵害された相続人は侵害額の支払請求ができます。

★生前贈与（または遺贈）がある場合の遺留分の計算

各相続人の遺留分

＝

死亡時の遺産額

＋（プラス）

生前贈与の額
- 第三者に死亡前１年以内にした贈与
- 贈与時に当事者が遺留分侵害を知ってした贈与
- 死亡前10年以内に相続人が受けた贈与で特別受益にあたるもの

ー（マイナス）

債務額

×（かける）

相続人全体の遺留分

×（かける）

各人の法定相続分

◎遺留分と寄与分の関係

寄与分とは、相続人のなかで、被相続人の事業の手伝いや資金提供、被相続人の療養介護などによってその財産の維持・増加について特別の寄与をなした者に与えられる分です。死亡時の財産から寄与分がまず差し引かれ、引かれた額を各相続人が相続分に応じて分割します。寄与者はそれに寄与分を乗せて受け取れます。ただし、**被相続人が全財産を他の者に遺贈すれば、寄与分が認められる余地はありません**。相続財産の価額から遺贈の価額を控除したものが寄与分を認めうる上限です（民法904条の２・第３項）。

★寄与分がある場合の相続分と遺留分の計算

寄与者の相続分

＝

寄与分

＊相続人間の話合いで決まる。

＋（プラス）

法定相続分

＊遺産額から寄与分を控除した額を法定相続分に応じて分けた額

寄与分がある場合の遺留分の計算

↓

寄与分は遺留分の算定では遺産総額から控除されない（寄与分があっても他の相続人の遺留分額は減らない）。また、亡くなった人が他の相続人に遺贈した額は寄与分によって侵すことができず、定めうる寄与分額の上限は遺産全額から遺贈額を差し引いた残額となる（遺贈優先）。

妻以外の女性とのあいだにできた子に生前贈与したいのですが…

10 生前贈与は相続トラブル防止に役立ちますが、逆効果になることもあります。

私には、認知している婚姻外の子（**非嫡出子**《ひちゃくしゅつし》）がいます。妻や妻との間の子２人（**嫡出子**《ちゃくしゅつし》）とは仲が悪く、妻は「愛人の子なんかに一銭も渡さないで」と言うんです。トラブル回避のため婚姻外の子に生前贈与をしたいのですが。

生前贈与は確実に財産が移転しますので、このケースではいい方法です。遺言で相続させる方法もありますが、**遺言執行者**を指定しておかないと、スムーズに遺産分けができない恐れがあります。ただ、生前贈与にも問題がないわけではありません。生前贈与の金額はいくらぐらいとお考えですか。

2000万円程度は考えています。単にその子（非嫡出子）のためだけでなく、母（私の愛人）の面倒をみてくれとの意味もあります。私の財産は6000万円程度ですから、それぐらいの金額はと思いまして…。

そうですか。ご存知と思いますが、現在は嫡出子も非嫡出子も相続分は同じです。6000万円の遺産で、2000万円の贈与なら、遺留分（00ページ参照）侵害の問題はないでしょう。あなたのケースでは全遺産6000万円の２分の１が相続人全体としての遺留分で、これを法定相続分に従って分割すると、それぞれの推定相続人の遺留分は以下のようになります。

▶妻＝$\frac{1}{4}$　〔$\frac{1}{2}$（全体遺留分）×$\frac{1}{2}$（法定相続分）＝$\frac{1}{4}$　⇒1500万円〕

▶嫡出子・非嫡出子＝各$\frac{1}{12}$　〔$\frac{1}{2}$（全体遺留分）×$\frac{1}{2}$（子全員の法定相続分）×（子１人あたりは３人で均等割り）＝$\frac{1}{12}$⇒各500万円（３人合計1500万円）〕

奥さんと嫡出子であるお子さん２人の遺留分の合計は、2500万円となりますので、6000万円の財産のうち、3500万円までは贈与しても遺留分を侵害したことにならないということです。ただ、あなたが亡くなるまでに遺産の総額が減れば、生前贈与した2000万円の割合が高まって遺留分の侵害になることもありえますが、このケースでは、まず大丈夫でしょう。

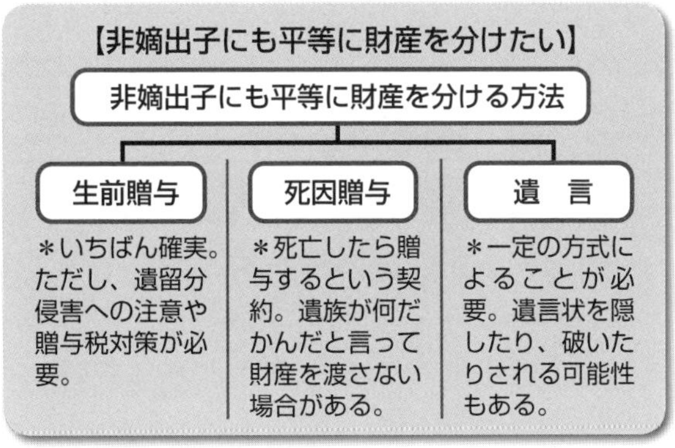

なお、非嫡出子のお子さんに生前贈与した2000万円は「**特別受益**」になると思われます。そうすると、あなたが特に遺言で指定をしていないときは法定相続になって、非嫡出子の相続分は、(4000万円＋2000万円)×$\frac{1}{2}$×$\frac{1}{3}$＝1000万円からすでに受けている2000万円の生前贈与を引くと－1000万円ですから受取り額はゼロです（生前贈与後に残った財産の4000万円が相続時にも変わっていないとします)。

もしも生前贈与（特別受益）とは無関係に、受益を受けた婚姻外のお子さんの相続分は相続分でそのまま受けさせる意向なら、その旨の意思表示を、遺言などできちんと残しておいてください。その場合の受益を受けたお子さんの相続分は、仮に相続時の遺産を法定相続の割合で分けるとするなら、4000万円×$\frac{1}{2}$×$\frac{1}{3}$＝約667万円となります。生前贈与と合わせて2667万円ですが、これが妥当なものかどうか、ほかの相続人の方々の感情にも配慮してお考えになってみてください。

よくわかりました。問題点としてはそのくらいでしょうか。

あとは税金ですね。2000万円の贈与となると、通常贈与された側に贈与税が695万円もかかります。贈与税については、2500万円までの贈与を無税（相続時にみなし相続財産として精算）とする**相続時精算課税制度**がありますので、要件に該当すれば、贈与税の支払いは免れます。ほかに、基礎控除を利用し複数年に分けて贈与するなどの方法も検討してください。

相続税がかかりそうなので、生前贈与で相続税対策をしたいのですが…

11 生前贈与で相続財産の額を減らせますが、贈与税は高額なので要注意。

相続財産が約１億円あり、妻と子２人が相続人となりますが、私が死亡して相続となったら税金がかかりそうです。生前贈与をうまく活用して相続財産を減らし、相続税を払わなくてすむ方法はありませんか。

仮に財産が今のままだとすると、あなたが死亡した場合、１億円から基礎控除の4800万円［**3000万円＋（法定相続人数３人×600万円）**］を差し引いた5200万円が相続税の対象となります。したがって、この5200万円分を、なんとか贈与税がかからない方法で贈与すればよいことになります（相続税の配偶者の軽減特例については59ページ参照）。

どんな方法があるのですか。

まず、**基礎控除の110万円（毎年の贈与がこの金額以内なら非課税）を活用すること**です。１人に贈与する場合、その人に毎年110万円の贈与をしたとしても、5200万円を贈与をするには約47年もかかります。しかし、相続人の３人全員に毎年110万円を贈与すれば、毎年330万円の贈与ができ、これだと約16年で5200万円を超える贈与が可能です。少しは贈与税を支払うことを覚悟すれば、もっと多く贈与ができます。それだと亡くなるまでに間に合わないと思われるのであれば、別な方法も合わせて実行すればよいのです。

別な方法ですか。それにはどういうものがありますか。

配偶者の住宅資金の贈与の特例というのがあります。これは、婚姻期間が

【生前贈与を活用した贈与税対策】

①　贈与税の基礎控除額110万円を毎年贈与する
　贈与税は受贈者が支払うものですから、誰に対して贈与しても110万円までなら無税。
②　配偶者に住宅あるいは住宅取得資金を贈与
　婚姻期間20年以上などの要件に該当すれば2000万円＋基礎控除110万円まで無税。
③　子へ住宅取得資金を贈与する
　一定の要件下で、良質な住宅用家屋の購入用資金1500万円、その他1000万円まで（令和2年4月～3年3月）＋基礎控除110万円は無税。
④　教育資金の贈与（子ども1人あたり1500万円まで）、子育て資金の贈与（1000万円まで）は非課税です。

20年以上の夫婦の間で居住用不動産を取得するための金銭の贈与が行われた場合、基礎控除110万円のほかに、最高2000万円までの控除（配偶者控除）ができるというものです。この特例が適用されるための要件は、

①　夫婦の婚姻期間が20年をすぎたあとに贈与が行われたこと
②　配偶者から贈与された財産が、自分が住むための居住用不動産であること、または居住用不動産を取得するための金銭であること
③　贈与を受けた年の翌年３月15日までに、贈与により取得した居住用不動産または贈与を受けた金銭で取得した居住用不動産に贈与を受けた者が現実に住み、その後も引き続き住む見込みがあること

　なお、この配偶者控除は、同じ配偶者の間では一生に一度しか使えません。
　住宅取得資金の贈与については、両親・祖父母等から住宅取得等のための金銭の贈与を受けた場合、良質な住宅の購入で1500万円、その他1000万円まで（令和２年４月～３年３月）を通常の控除額の110万円に上乗せできます。

相続時精算課税というものがあるそうですか…。

ご質問の「**相続時精算課税制度**」は、親または祖父母（60歳以上）から子または孫（20歳以上）への生前贈与で、贈与時に一定の額（2500万円、住宅取得資金の贈与なら3500万円あるいは4000万円）までは贈与税は非課税とされ、相続時に贈与額が相続財産とみなされて相続税が課されるものです。したがって相続税対策としてはあまり効果的ではありませんが、とりあえず贈与して、相続税対策は別途考えるというときに利用価値があります。

相続人以外の人に財産を贈与したいのですがどんな問題がありますか？

12 相続人以外への贈与も自由ですが、相続人とのトラブル対策は慎重に。

妻に先立たれ、子ども２人がいます。妻の死後、つきあう女性ができて、いまはその女性と夫婦同然の生活をしています。子どもが反対するので結婚する気はありませんが、その女性に財産の半分を贈与したいのですが。

財産を贈与することは、原則、自由です。いわゆる愛人への贈与では公序良俗に反して無効とした判例もありますが、あなたとその女性の場合には、愛人関係を維持するためのものではないとみれますので、あてはまりませんね。

私は、あくまで、私が死んだ場合の彼女の生活が心配なだけなんです。

もっともなことです。……少し難しくなりますが、こんな問題もあります。**死亡による相続開始前の１年間（あなたが亡くなる前の１年間）にした贈与、侵害額の支払請求をされることがあります。**もっとも、あなたのケースでは、遺留分は全遺産の２分の１（お子さん１人あたりの遺留分は４分の１）なので、**その女性への贈与が財産の半分以下なら遺留分を侵害することになりません。**法律上は問題なしです。

　しかし、お子さんたちがその贈与に納得してくれなければ、あなたとの関係は気まずくなるでしょう。死亡したら贈与するという**死因贈与契約**や、遺言でその旨を書いておく（**遺贈**する）方法もありますが、いずれもその女性と相続人であるお子さんたちがお金の受渡しの方法などについて話しあわなければなりません。弁護士を代理人や**遺言執行者**に立てる方法もありますが、私としては、生前に贈与してその女性に財産を移転してしまい、お子さんには機会をみて話すことをおすすめします。

わかりました。……税金についてはどうなりますか。

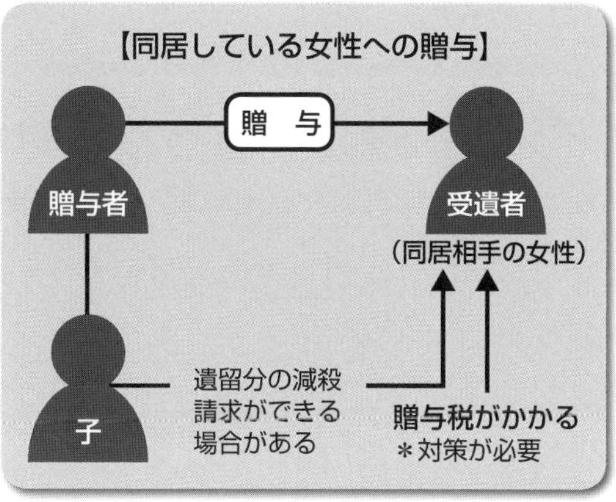

あなたの同居している女性は相続人ではありませんので、贈与税がかかります。例えば2000万円の贈与あるいは遺贈ですと、基礎控除の110万円を差し引いて1890万円に課税され、贈与税額は695万円にもなります。

そんなにですか。なにかいい方法はないんでしょうか。

毎年、少しずつ贈与していく方法もあります。**贈与税には基礎控除の110万円があって、毎年この金額までの贈与であれば無税**です。しかし、2000万円を贈与するのに18年程度はかかります。この期間を短縮したいなら、贈与税を払うことを覚悟して、例えば年に400万円ずつ贈与します。これだと５年で2000万円が贈与され、税金についても、基礎控除後の金額は110万円を引いた290万円に課税（税率は15パーセント、控除額10万円）されることになりますから、毎年33.5万円の贈与税ですみます。

結局、税金を払わずにすませるには、時間が必要だということなんですね。

そういうことです。しかし、妙案もないわけではありません。結婚して奥さんになってもらえば、れっきとした相続人です。**配偶者控除があって１億6000万円あるいは法定相続分（子がいる場合⇒$\frac{1}{2}$）までは非課税**です。決断しだいですが、お子さんたちの反対をしずめる問題も残りますけれども……。

息子が借金に困って自分の相続分を先に贈与してくれといってきたのですが…

13 贈与するしないは自由で、子どもにそんな権利はありません。

恥ずかしい話ですが、息子が「借金が多くてどうしようもないので、法定相続分を先にくれないか」と言ってきました。断ると、「自分には相続権があるんだから、不動産を担保にしてでも金を借りてくれ」と言うのですが……。

それはお困りですね。法律上、**相続権は被相続人が死亡して初めて発生しますので、生前に権利があるわけではない**んですよ。

そうなんですか。しかし、なんとかしてやりたいとも思うのですが……

そうお考えなら、相続分の前払いとしてではなく、あなたのご意思で息子さんに贈与することはできます。生前贈与となりますが、この贈与分が特別受益（生計の資本としての贈与）とみられれば（借金の尻ぬぐいのための贈与は特別受益ではないと息子さんに主張される恐れもありますが）、あなたが亡くなった際の相続ではその贈与額を相続時の財産に加えて（「持戻し」をして）、各相続人の相続額を計算することになります。**特別受益を受けた息子さんの相続分からは、特別受益の額が差し引かれますから、その相続分の範囲内の贈与であれば、ほかの相続人が不利になることはありません。**

そうはいっても、ほかの子どもたちは不満に思うことでしょうね……。

相続の問題を生じさせないためには、贈与ではなく、貸すという方法もあります。しかし、お話を聞いた限り、返してくれる可能性は少ないように思われますね。要は、あなたの決断次第ですが、現実的な対応としては、借金整理のためにいったいいくらのお金が必要なのか、それと生活費はどうなっているかなどの確認が必要です。これは相続の問題というより、借金整理の問題だと考えてください。

【子どもなど（推定）相続人の権利】

贈与による権利

↓

お金や物品を無償であげます・もらいますという契約（約束）により、受贈者（受取人）に贈与を受ける権利が発生。ただし、書面によらない（口頭の）贈与は、引渡しなどの履行の前なら撤回できます。

相続権

↓

被相続人の死亡によって自動的に相続が開始し、相続人は財産を相続する権利を持ちます。権利が生ずるのは、被相続人が亡くなったときです。

借金整理の問題だとしたら、どんな対応をすればいいんでしょうか。

法律上、**任意整理**や**特定調停**、**民事再生**などの法的手続きが用意されています。こうした手続きによって借金を整理することにして、必要な費用をあなたが援助するという考え方ではどうでしょうか。そうすると、100万円程度を用意すればいいでしょう。

それぐらいなら、なんとかなりそうです。しかし、こんなことがしょっちゅう起きても困りますので、今後いっさいお金はもらわない、とかを書いた一札を息子からとれませんか。約束を破ったら勘当する、ということで。

まあ、そういう約束をさせても、あまり意味はないでしょう。それより、これからお金をくれと言ってきたら、ただで渡さず、そのつど貸しつけることにしてはどうでしょう。結果的に返してくれなくても、もらうのと借りるのとでは受けるプレッシャーが違います。それと、この金を最後に親子の縁を切る、などと言う人もいますが、昔のような縁切り、勘当は現在の法律にはありません。近そうなものに相続人の相続権を失わせる**廃除**（⇒44ページ）の制度がありますが、何度か「お金をくれ」と言ってきただけでは廃除できないでしょう。

かわいがっている犬に財産を贈与したいのですが、できますか

14 贈与は契約によって成立しますが、贈与の相手は人でなければなりません。

私は夫も子もない一人暮らしで、愛犬がいます。最近では持病が悪化して入退院を繰り返し、いつ死ぬかわからない身です。心配なのは、私が死んだあとの愛犬のことです。できれば、その愛犬に財産を譲りたいのですが……。

お気持ちはわかりますが、贈与や相続に限らず、財産を譲るには、相手が人でなければできません。愛犬といえども、財産を贈与することはできないんですよ。愛犬などのペットは、法律上は「物」でしかないんです。

かわいいあの子を「物」と言われても……。なにか方法はないでしょうか。

たとえば、その犬をかわいがって面倒を見てくれる人を探して、その人に財産を渡すという方法はあります。愛犬の世話をすることを条件に財産を譲るのは、**「負担つき贈与」**ということになります。負担つき贈与は、贈与を受けた者（受贈者）が約束を守らないと贈与者は契約を取り消すことができますが、相手が愛犬をかわいがって最後まで面倒をみてくれるかどうかは、あなたの死後のことなので、あなた自身が確かめることはできません。約束を守らせる方法がないとしたら、贈与に条件をつけたとしても現実的ではないでしょうね。よほど信頼できる人がいれば別ですが……。

では、約束を守らせるには、どうしたらよいのですか。

あなたが死んだあとでも、ちゃんと愛犬の世話をしているかどうか見届ける人がいればいいんです。具体的には、遺言で、愛犬の面倒をみることを

条件に贈与をし、ちゃんと世話をしているかどうかを見届ける「**遺言執行者**」を指定しておくといいでしょう（これは、生前贈与である「負担つき贈与」ではなく、遺言によってする「**負担つき遺贈**」ということになります）。**「遺言執行者」を指定しておけば、約束どおりに世話をしなかった場合には、ちゃんと世話をするように相当の期間を定めて催告をし、それでも世話をしなければ、その「遺言執行者」が家庭裁判所に申し立てて、贈与を取り消してくれます。**

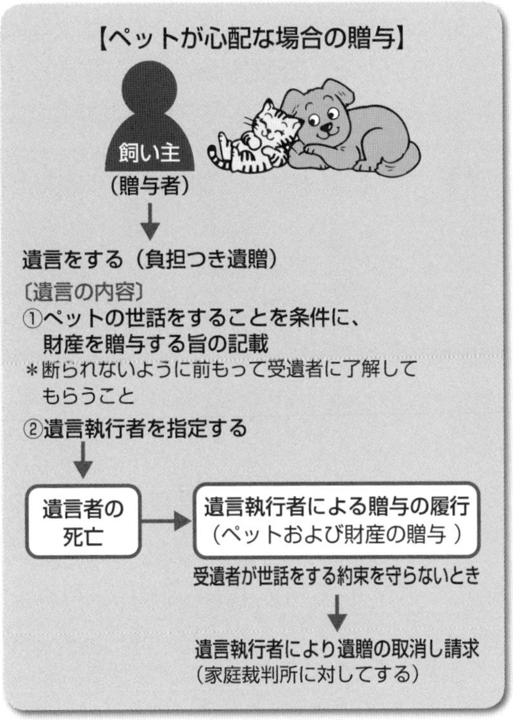

なるほど。遺言書には、具体的にどのようなことを書けばいいんですか。

愛犬の世話をすることを条件として、○○さんにこれだけの財産を贈与する、ということと、選任した遺言執行者の住所、氏名を書きます。それに、愛犬を世話する内容についても書いておいたほうがよいでしょう。たとえば、餌のこと、散歩のこと、予防接種のことなどです。

　気をつけてほしいのは、**生前に合意の上で契約をする「負担つき贈与」ではなく、遺言による「負担つき遺贈」は、相手の合意のあるなしを問わずに一方的にする形式ですから、遺贈を受けた相手は、これを放棄して受けないこともできます。ですから、あなたの生前に、遺贈を受ける相手によく内容を話して、了解してもらっておかなければなりません。**

生前贈与に関するア・ラ・カ・ル・ト

1 定期贈与をしているが、贈与者が死ぬとどうなるか

定期贈与は、たとえば孫の勉学の学費等を援助するために毎月10万円を与えるなどという契約です。問題となるのは、贈与期間を定めていない場合に、贈与者が死亡したときです。贈与者が特別の意思表示をしていなければ、贈与者（あるいは受贈者）の死亡によって、定期贈与契約の効力は消滅するとされています。

2 愛人への贈与契約は無効とされる場合がある

贈与契約は、贈与者の財産を無償であげるという意思表示と受贈者の承諾によって成立します。しかし、これには例外があります。判例は、「いわゆる妾（不倫相手）に対して金銭その他の物品を贈与する目的が、妾関係という不倫な関係の維持継続を強要するためのものである場合は民法90条の公序良俗に反し無効である」としています。他方、妾の生活を維持し、子の成長を保障する範囲の贈与契約は有効としています。その贈与契約が有効か無効かについては、個々の事情を認定して判断がなされます。

3 負担つき贈与と負担つき遺贈はどう違うか

負担つき贈与とは、贈与契約において受贈者に一定の義務を負担させる契約で、双方の意思の合致によって成立します。負担つき遺贈は、遺言により一定の義務の負担を条件に贈与するというものです。こちらは一方的な意思表示ですから、受贈者が受けたくないこともあります。受けたくなければ相続と同じく放棄をします。これらは今後ますます活用されることになるものと予想されますが、負担つき遺贈の場合は遺言執行者を指定して、受贈者の義務の履行（約束を守っているか）を見届けさせることが大切です。

第3章

遺言で思い通りに財産を渡すにはどうすればいいですか

◎遺言の作り方の種類から、上手な書き方・保管のしかた・実行のさせ方まで

遺言は、自分の財産を思いどおりに遺族などに受け継がせるには、たいへん有効な手段です。しかし、思い立ってすぐに書き始めるのはいいとして、遺言には守らなくてはいけない形式があり、これを守らないで書いたものは無効になってしまいます。また、自分の財産としてどういうものが、いくらあるのかを確かめないことには、それを分ける遺言も書きようがありません。

なにより、遺産を受け取る者たちの公平を考え、その心情にも配慮してトラブルの種を除き、そのうえで自分の思いにかなう財産の渡し方を書くことは、なかなか難しいことです。遺言や相続に関する法律の基本を知らなければいけませんし、法律には書いていない実際的な知恵も必要です。この章では、そういった上手に遺言を作成するための必要事項を説明します。

遺言がある場合とない場合とでは、相続はどのように違うのですか

1 遺言をすると、法律の定め（法定相続）とは違った分け方を指定することができます。

私の周りを見渡しても、遺言書を書いている人は見当たりません。それでもやっぱり、亡くなる前に遺言書は書いておく方がいいんでしょうか？

そうですね、遺言（遺言書）がない場合のことを考えてみましょう。人が亡くなって相続が開始すると、どの相続人がなにを相続するかの話合い——「**遺産分割協議**」を行わないといけません。どの相続人も、いいものがほしいので、争いになりがちです。法定の相続分は相続できる「割合」でしか決まっていないので、具体的に誰がなにを受け取るかは相続人全員の合意で決めるしかありません。それで、簡単には話がまとまらないことも多いんです。

相続人の間で話がまとまらないときは、どうなるんですか？

その場合は、家庭裁判所に申し立てて**調停**《ちょうてい》を行います。調停というのは、あくまで話合いで決めるわけですが、これで話がまとまらなければ、同じ家庭裁判所で**審判**《しんぱん》が行われ、それによって決めてもらうことになります。こちらは話合いではなく、裁判所がする判断です。

遺言書があると、そんなトラブルが避けられるというわけですか。

そうですね。**遺言書があれば、そこに書かれた内容に従った相続が優先されて、法定相続が出てくる幕はない**んですよ。遺言書を作る目的の大半は、被相続人（亡くなって相続をされる人）が死後のトラブルを避けるためであることが多いんです。

【遺言書を作るメリット】

① 自分の思いを言い残せる。

② 相続財産をめぐる争いを防げる。

③ 自分の思い通りの財産分けができる。
＊ただし、相続人の「遺留分」によって一定の制限は受けます。
＊介護に尽くすなどした相続人に「寄与分」の上乗せ指定もできます。

④ 生前やれなかった手続きができる。
＊隠し子の認知、暴力息子の廃除など

⑤ 相続権のない人に財産を残せる。
＊内縁（事実婚）の妻、世話になった人など

⑥ 条件をつけて配偶者の面倒をみさせる指示ができる
＊負担つき遺贈によります。

なるほど。ほかにも遺言書を作成しておくメリットはありますか？

遺言書には誰がなにを受け取るかという相続財産の指定や、誰が何割受け取るかという相続分の指定を書くだけではないんですよ。

たとえば隠し子の**認知《にんち》**もできますし、暴力をふるう息子を相続人から**廃《はい》除《じょ》**することもできます。それに、**世話になった人への遺贈**（遺言によってする贈与）もやろうと思えばできますね。

それに、法律的な効力はありませんが、母親に孝養を尽くせとか、葬儀は親族のみで取り行えなどと書いておくことも自由です。

どんな場合に遺言書を作成しておいた方がいいのですか？

2 相続人の受取り分を指定したり、相続権のない人に遺産を渡したりする場合です。

私は長い間、民生委員をしています。このごろ相談を多く受けるのは、高齢化社会で年寄りが増えたせいか、相続に関するものです。いずれも自分の死後のトラブルの発生を気に病んでいるようです。それほど気になるなら遺言をしなさいと言っているのですが、私の答えはまちがっているでしょうか。

いいえ、相続トラブルの発生を予防するのに、遺言はおおいに役立ってくれるものです。逆に、遺言がないと解決できない例も多いんですよ。

相続をめぐって起こりがちなトラブルには、どんなものが多いんですか？

たとえば子どものいない夫婦で夫が亡くなったときがいい例です。夫の親はたいてい亡くなっていて、相続人は妻と夫の兄弟姉妹なんです。相続人は全員一致で**遺産分割協議**をまとめなければいけませんが、普段つきあいがない兄弟姉妹ほど、がめつい要求をしてきます。そもそも、つきあいがないので連絡先不明というケースも多いですし、当の兄弟姉妹は亡くなっていて、その子どもが相続人（代襲相続人）ということもあります。こうなるともう、誰が相続人で、連絡先はどこなのかをつきとめるだけで大仕事です。ところが、**遺言で「妻だけに相続させる」と書いておけば、兄弟姉妹には遺留分がないので、かれらは相続にはいっさいかかわりなし。妻は、相続人探しや遺産分割協議の悩みもなく、全財産を受け取れる**というわけです。

……聞くだけでたいへんそうなことですね。ほかにもなにかありますか？

先妻との間に子どもがいるのに再婚をしたような場合です。被相続人が生きている間はいいのですが、亡くなると、後妻と先妻の子との対立が表面化して、紛争になりがちです。この場合にも、キチンと遺言で相続分を決めておくべきでしょう。後妻との間にも子どもがいる場合はなおさらです。

それも身につまされる話ですね。ときに私、30年も内縁を続けているという女性から相続の相談を受けたのですが、内縁だと相続権はないんですよね。

そのとおりです。**どんなに長く続いていても、内縁の夫婦には相続権は認められません**。認知を受けている子どもがいれば、その子どもは相続人だからいいのですが、奥さんは１円も相続できないので、生前贈与を受けておくか、遺言書で全財産を遺贈する旨を書いてもらっておくといいでしょう。

要は、遺言書で先手を打って、もめそうな原因を解消しておくわけですね。

【こんな場合には遺言で財産を譲る指定を！】

◎相続権がない人に遺産を与えるため

- 内縁（事実婚）の妻（夫）⇒何年いっしょにいても相続権はない
- 内縁や愛人関係でできた子⇒認知をしなければ相続権はない
- 献身的に介護の面倒をみてくれた嫁（息子の妻）
  ⇒息子は相続人だが、その妻には相続権がない
- 子がいるときの親や兄弟姉妹⇒法定相続では相続人は、子がいれば子と配偶者だけ

◎必ず起こると予想されるトラブルの回避のため

- 子どもどうし仲が悪く、遺産分けの話合いが難しい
- 先妻の子と後妻（または連れ子）の仲が悪く、話合いができない
- 配偶者（妻・夫）以外に子も親もなく兄弟姉妹が相続人になる

◎こんな場合にも遺言で、財産の分け方の指定を……

- 事業（家業）を子の１人に継がせたい
- 分けやすい現金・預金は少なく、不動産など分けにくいものが多い
- 誰が祭祀（法事）を行なうか決まっていない
- 相続人が誰もいない（遺言がないと最終的には国のものになる）

遺言をするにはどんな方法がありますか？

3　自分だけで作るタイプと公証人に頼むタイプとで３つの方法があります。

子供どうし、あまり仲がよくないので、私の死後にトラブルが起こらないように遺言書を作成しておこうと思っています。遺言のことについてはなにも知らないので、どんな作り方があるか教えてください。

相続人どうしのトラブルを防ぐという意味では、遺言は効果的です。相続法では、普通の場合の遺言と特別な場合の遺言のつくり方を規定しています。普通の場合の遺言は、作成する方法によって次の３種類に分かれています。

①　自筆証書遺言
⇒自分１人で全文を書いて、署名・捺印をする。作成日付も必須。

②　秘密証書遺言
⇒秘密を保持するのが主な目的。遺言書を書いて封印をしたものを公証役場にもっていき、確認を受ける。証人２人が必要。

③　公正証書遺言
⇒公証役場で遺言したい内容を公証人に伝え、作成してもらう。証人２人が必要。

それでは、特別な場合の遺言とはどんなものですか？

次のようなものがあります。

①　死亡危急時遺言
⇒交通事故にあうなど、死亡の危急時に行う

②　隔絶地遺言

⇒伝染病で隔離されている場合や、船で航行中に行う

遺言は遺言者が死亡後に開いて読まれるものなので、遺言内容の真否の確認ができません。それで、作成の要件を厳格に規定しているんですが、特別な場合の遺言は要件が緩和されているんですよ。

作り方がいろいろで迷ってしまいます。どれがいちばんいいんですか？

それは難しい質問ですね。遺言書の作り方の種類は、遺言の作成者がどんな点を重視するかによって分かれています。簡単に手っとり早く作りたいのであれば、すぐに自分で書いて作れる**自筆証書遺言**でしょう。

ただ、全文を自分で書くのですから、意味不明の文言があったり、形式不備で無効になってしまわないとも限りません。保管場所で悩んだり、あなたが亡くなる前に読まれて、ひどいときは破棄や改ざんをされてしまう危険もあります（もっとも、場合によっては遺言を隠さず、関係者に早々に公開しておくこともありますが）。

封筒に入れて封印しておいたら、読まれる心配はないんじゃないでしょうか。

そうですね。そうしておけば、勝手に読まれる危険はずいぶん減るだろうとは思います。ただ、あなたが亡くなって相続が開始したとき、自筆証書遺言は（**秘密証書遺言**もそうですが）家庭裁判所にもっていって「**検認**《けんにん》」という確認手続きを受けなければなりません。このとき、封筒などに封印してある自筆証書遺言は、裁判所にもっていくまで開封できないんです（開封すると、遺言が無効になることはありませんが、５万円以下の過料をとられます）。このことを知らずに、うっかり封をあける方も多いんですが……。

なるほど。なかなか面倒なものなんですね。

裁判所に検認手続きを申請するには、相続人全員の戸籍をそろえるなど、けっこう手間ひまがかかります。相続人としては遺言があるなら早く読みたいでしょうし、あなたとしても早く読んでほしいということであれば、あえて封印をせずにおくのも、遺族への親切ということはあります（なお、封印ではなく、ただノリづけしただけなら検認前に開いてもかまいません）。

生前の秘密保持をとるか、死後すぐに読んでもらいたいかは考えどころですね。そのあたり、公正証書遺言や秘密証書遺言ではどうなりますか。

まず**秘密証書遺言**は、遺言を書いて封印したものを遺言を書いた本人が公証役場にもっていって作ります。公証人が、その遺言を本人が書いたということを確認して、その旨を封書に書き入れ、遺言者・証人２人とともに署名・押印をします。遺言者本人の立会いでこういう確認手続きをしますから、あとあと相続人の間で「この遺言は本人が書いたものじゃない、誰かが偽造したものだ」などという騒ぎが起きることはなくなります。必ず封印する形式なので、名前のとおりに遺言の秘密が保たれやすいということもあります。

なるほど。保管も公証役場でしてくれるわけですね？

いいえ、**秘密証書遺言の保管は、あくまで本人がするもの**です。また、公証人が中身を確認してくれるわけでもありません。その意味では、自筆証書遺言を封印して、自宅などに保管しておいても同じようなものだともいえますね。ですから、どうせなら**公正証書遺言**を検討してみてはいかがでしょう。

公正証書遺言は**公証人**が作成しますから、形式違反で無効になることはありませんし、公証役場に原本が保管されますから破棄や改ざんもできません。遺言者が亡くなるまでは、相続人になる人でも閲覧や謄本請求はできないので、秘密も保てます（遺言者に２通の控えが交付されますが、事前に読まれたくないなら隠しておけばいいのです）。逆に、**公正証書遺言は**

裁判所の検認が不要なので、あなたの死後にすぐ読んでもらうこともできます。

【遺言をする方法・一らん】

種　類	誰が書くのか	必要な証人・立会人	注意点
普通の場合			
◎自筆証書遺言	本人 （目録部分のみワープロでも可）	不要	年月日／本人の署名・押印が必要
◎秘密証書遺言	本人以外も可 （本文はワープロも可署名は本人自筆）	証人2人·公証人	年月日／署名・押印（本人・証人・公証人の３者）が必要
◎公正証書遺言	公証人が筆記	証人２人	公証人が遺言者本人から聞き書きで作成する
特別の場合			
◎危急時遺言 ・臨終などの場合	証人の１人が口述を筆記	証人３人	年月日／各証人の署名・押印が必要
・遭難	証人の１人が口述を筆記	証人２人	年月日／各証人の署名・押印が必要
◎隔絶地遺言 ・伝染病のとき	誰でもよい	警察官１人 証人１人	年月日／本人・筆記者・証人の署名・押印が必要
・船中	誰でもよい	船長または事務員１人・証人２人	年月日／本人・筆記者・証人の署名・押印が必要

自筆証書遺言を作成したいのですがどのように作成すればいいのですか？

4 自分１人で自書し、日付けと署名押印を忘れない条件を守れば難しくはありません。

友人に、遺言書を作っておいた方が相続争いを避けられるから、ぜひ作っておけよと言われました。**自筆証書遺言**とやらが、自分で全部できるからいいと言うのですが、どうやって作成すればいいんですか？

ご友人の言われるとおり、いちばん広く利用されているのが自筆証書遺言です。面倒な手続きがいらず、費用もかからないせいでしょうか。では、その作成手順を紹介しましょう。

まず、用意するものは用紙と筆記用具です。どんな用紙でも、どんな筆記用具でもかまいませんが、消えにくいものを利用してください。これで自分が遺言をしておきたい内容を書きます。もちろん、手書きです。**パソコンのワープロソフトやタイプで書くと自筆証書遺言は無効になります**（財産目録は除く）。手が不自由で、自分で文字を書けない人は、自筆証書遺言は作成できません。公正証書遺言という方法がありますから、そちらにしてください。ただし、平成31年１月13日からは、目録部分だけは自筆でなくてもいいことになりました。財産がたくさんあって目録を作るのが大変なときは、利用して下さい。

本文を書き終わったら、**必ず日付けを自書します**。遺言書を書き直したりしたとき、日付けの新しい方を有効とするので、日付けは絶対に必要になるんです。日付けのない遺言書も無効です。日付けといっても、たとえば「古稀の誕生日」などと書いても、その人の生年月日から日付けは特定できるので有効とされていますが、すぐわかるように元号か西暦の数字で書くのがいいでしょう。

最後は自筆の**署名**と**押印**です。本人が日ごろから使用して同一性が認められれば、ペンネームや芸名、雅号でも有効とされています。押印は、実

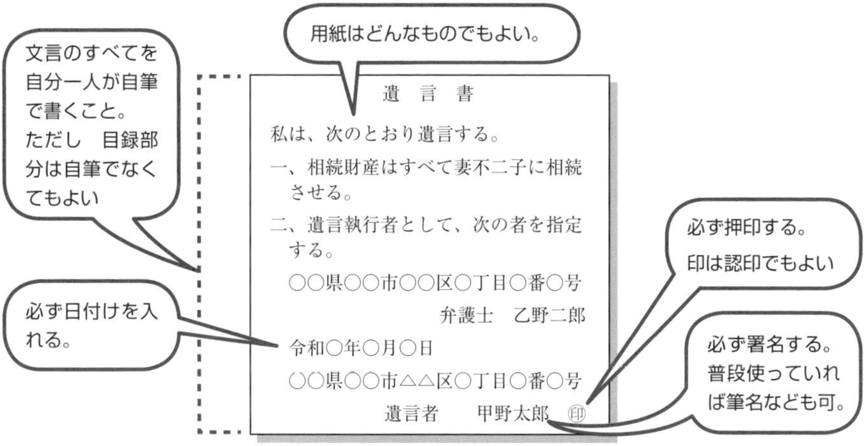

印でなくても、認印、三文判でかまいません。指印については裁判所でも意見が分かれていましたが、平成元年２月16日の最高裁判例は有効としています。いずれにしろトラブルは避けるべきで、ハンコを押すようにしてください。

もしも書き間違えたら、訂正するのはえらく面倒だそうですが……。

そうなんですよ。民法の条文で、**自筆証書中の加除その他の変更は、遺言者が、その場所を指示し、これを変更した旨を付記して特にこれに署名し、かつ、変更の場所に印を押さなければ、その効力を生じない**（968条２項）となっていますからね。この方式に違反すると、変更がなかったものとして扱われます。**最初から書き直す方が、まちがいがなくていいでしょう。**

遺言書は封筒に入れて封印しないといけないんですか？

法律では、遺言書を封印することまでは要求していません。ただ、内容を生前に知られたくないのでしたら、封印した方が秘密を守れるでしょう。自筆証書遺言は、相続が開始したとき、家庭裁判所に提出して**検認**を受けることが必要ですが、封印してある遺言書だと、裁判所で相続人または代理人が立ち会ったうえで開封することになっています。検認手続きをへないで遺言の執行をすると、５万円以下の過料を科せられることがあります。

自筆証書遺言を作成する場合にとくに注意しなければならないことはなんですか？

5 法定の形式に違反すると無効ですから、しっかり確認して書くことです。

遺言書の作成などということは初めてなので心配です。どんなことに注意しなければなりませんか？

遺言書を作成する主な目的は、相続人が争うような事態を防ぐことです。もしも遺言書の内容に間違いがあったり、疑問が生ずるようなことがあれば、かえって争いの種を生むようなものです。遺言書を作成するのは、年老いてからが多いと思われます。人は年をとると記憶力が衰えるものです。とっくに他人に譲っていたり担保に入れたりしているのに、そういうことを忘れて相続人の誰かに譲るようなことを遺言書に書いてしまうと、相続人を無用な混乱にまきこんでしまいます。遺言書を作成するにあたっては、自分の財産をしっかり確定することから始めてください。

遺言を書いている途中でまちがえたら、その部分を黒く塗りつぶすというのはいけないのでしょうか？

そういうことをすると、あとで複雑な問題が出てきます。読み取れないほどに黒く塗りつぶしてあれば、その部分は遺言者が破棄したものとされますし、読み取れるようであれば遺言内容を変更する方式を踏んでいない訂正ですから、訂正とは認められず、塗りつぶす前の内容が生きてきます。また、破棄とみなされる場合でも、遺言者に本当に破棄する意思があったのかどうか、あるいは第三者が勝手に塗りつぶしたのではないか、などの問題も出てくるんです。このようなトラブルを生じさせないためにも、**変更や訂正をするなら、必ず方式に従ったやり方をしてください。**

最近、手が震えて完全に文字を書くことも難しくなりました。誰かに手伝ってもらって書いてもさしつかえありませんか？

【自筆証書遺言の作成上の注意点】

財産目録を	実際の財産と遺言上の財産が違うのはトラブルのもと 平成 31 年から、目録は自筆でなくてもいいことになった。
日付けと押印	日付けのない遺言は無効になる。署名・押印も同じ。封筒だけに印を押してもダメ。
封筒に入れるのか	封筒に入れる必要はないが、入れた方が偽造・変造の危険は少ない。
訂正法に注意	加除訂正するなら余白に訂正内容を書き、署名する。訂正部分に押印も必要。

遺言者が自由な意思で書いたということが筆跡からわかるようでしたら、手伝ってもらっても問題ないでしょう。しかし、手伝った人が誘導して書かせたとみられると、遺言者の作成したものとは認められません。どちらともつかず、トラブルになることも多いので、**遺言内容を口頭で公証人に伝えて遺言書を作成してもらう公正証書遺言にした方がいいと**思いますね。

なお、目録の部分は手書きでなくてもいいことになりました。これで大半楽になると思いますので、利用して下さい。

言い残したいことはたくさんありますので、とても一枚の用紙では収まらないようなのですが、そういうときはどうすればいいんでしょうか？

遺言書には枚数の制限はありませんので、何ページになってもかまいませんよ。ただ、それがあくまで一通の遺言書であることがわかるようになっていればいいんです。たとえば、ページ番号がふってある、ホッチキスで綴じてある、などです。**確実なのは、各用紙のつなぎ目に契印（ハンコです）を押しておくこと**です。ただ、契印がないからといって、遺言書が無効になることはありません。

公正証書遺言はどのように作成するのですか？

6 公証役場に証人２人と出向いて、公証人に作成してもらいます。

遺言を作成するのなら「**公正証書《こうせいしょうしょ》遺《い》言《ごん》**」にするのが、あとで問題も起こらないし、確実だと知合いに言われたのですが、そうなんですか？

公正証書遺言は、**公証役《こうしょうやく》場《ば》**というところ（全国に約300か所）で、**公証人**といって裁判官や検察官だった法曹経験者が作成します。遺言書は書き方の形式を守らないと無効になるんですが、公証人は法律の専門家ですから、形式違いの心配はいりません。それと、遺言書の原本が公証役場に保管されますので、紛失や盗難、偽造変造の心配がないということがありますね。

それを作ってもらうには、どんな手続きをすればいいんでしょうか。

まず、作成したい遺言の内容を考えて、メモしておきます。公証役場に行ってから迷ってもはじまりませんので、内容はしっかり詰めておいてください。そして、**公証役場での作成の際には遺言書を作る本人のほかに証人2人の立会いが必要**ですから、証人になってくれる人を２人確保します。

２人も証人が必要なんですか。そうすると、妻と息子に頼むかな。

それはだめなんです。証人になれない者として、まず未成年者、それに推定相続人（あなたが亡くなると相続人になる人）とその配偶者・推定相続人の直系血族（親や子、孫）、さらに受遺者（遺言で遺産をもらう人）とその配偶者・受遺者の直系血族があげられています（民法974 条）。あなたの奥さんや息子さんは推定相続人ですから、証人になれません。

そうですか……。それじゃ、どんな人だったらいいんでしょうかね。

たとえば、あなたに兄弟姉妹がおられるならば、あなたに子どもがいるかぎり相続人にはなりませんので証人になれます（その人に遺言で財産を遺贈しないという条件もありますが）。さもなくば、親しいご友人などでしょうね。

そんなことを気安く頼める友人もいないんですが、困ったな。

まあ、知合いに証人を頼んで中身を知られるのはいやだという人も多いんですね。それで、公証役場で依頼すれば証人を用意してくれるところもあります。費用は公証役場によりまちまちですが、5000円～１万円程度です。

そうなんですか。それは、お手軽なぶんとの引換えかな……。

あとは、**遺言者の本人確認のための証明資料**（実印と３か月以内にとった印鑑証明書、公証役場によっては運転免許証やパスポートと認印でもよいところがあります）を用意したり、**遺言者と相続人との関係がわかる戸籍謄本全部事項証明書**をとるような手間がかかります。**財産の中に不動産があれば、その登記簿謄本と固定資産評価証明書**（値段を見積もるため）も必要です。**預貯金は、預入れ先と口座番号**。そのほかの財産も含めて、**財産目録**を作らないといけません。詳細は公証役場に確認して、遺漏のないようにしてください。

なんだか、すごくたいへんそうに聞こえるんですが……。

確かにたいへんはたいへんですが、あなたの財産の全体状況が把握できなければ、誰になにを渡すかという遺言も作りようがないですからね。思い通りに財産を渡すためですから、そこはぜひがんばってください。

わかりました。とにかく、それだけ準備してから、公証役場に出かけて遺

【公正証書遺言の作成にかかる費用】

遺言の中に書く財産の価額	手数料の額
100万円まで	5000円
200万円まで	7000円
500万円まで	1万1000円
1000万円まで	1万7000円
3000万円まで	2万3000円
5000万円まで	2万9000円
1億円まで	4万3000円
1億円を超える部分は	
1億円を超え 3 億円まで	4万3000円に5000万円ごとに1万3000円
3億円を超え10億円まで	9万5000円に5000万円ごとに1万1000円
10億円を超える部分	24万9000円に5000万円ごとに8000円

〈以上を合算した額が公正証書遺言作成の手数料です〉

①　ただし、合算した額が1億円未満のときは、1万1000円が加算されます。

②　遺言書の原本が4枚を超えるときは、1枚ごとに250円がかかります。

③　公証人に病院などへ出張してもらうこともできます。その場合は、日当、交通費のほか、上の合算した額の50%が加算されます。

言書を作ってもらえばいいわけですね。証人２人も引き連れて……。

通常は、いきなり証人を連れていって、その当日に遺言書作成にとりかかるようなことはしません。事前に遺言者本人が公証役場に出向いて、公証

人に公正証書遺言を作ってもらう依頼と、内容についての打合せをします。内容がしっかり固まらないと、この打合せが２回、３回になることもあります。自宅にファックスがあれば、公証人が仮に書いた文案を送ってきてくれて、それで確認をしたりもします。**最終的に「これでいい」というところまで至ってから、いよいよ本番の作成当日を決めて、このときはじめて証人２人を公証役場に連れていくわけです**（公証役場に証人を依頼して用意しておいてもらえることも前に述べたとおりです）。

なるほど。本番の日には、すっかり下準備がすんでいるってことなんですね。

そう言っていいと思いますね。一応、民法の条文（969 条）では、２人の証人立会いのうえで、遺言者がこんな遺言を作りたいという内容を口頭で公証人に伝えることになっています。公証人はこれを筆記して、遺言者と証人に読んで聞かせます。遺言者と証人が筆記の内容に間違いなしと確認して、各人が署名・捺印します。その上で、公証人がこのような手続きを踏んで証書が作成された旨を記載して、署名・捺印します。これで手続きは終了です。

よくわかりました。公正証書遺言は公証役場に保管されるとうかがいましたが、控えはもらえないんですか？

いえ、公証人は遺言書を３通作成します。**１通は原本として公証役場に保管しますが、他の２通は正本と謄本として遺言者に渡されます。**

公証人に支払わなければならない費用はいくらぐらいなんですか？

前ページの表の通りです。遺産の金額によって手数料は変わります。

「遺言信託」というものがあるそうですがどのように利用できるのですか？

7 作り方のアドバイスから保管・執行までサービスを受けられます。

遺言書を作ろうかと思案しています。そのせいか、最近、「**遺言信託**《いごんしんたく》」という言葉が目につくのですが、遺言信託とはどういうものですか？

「**信託**」というのは、お金や不動産などの財産を信託銀行などに預け、その運用をまかせて、利益を上げさせる契約をいいます。遺言によって遺産の信託をまかせ、上がった利益を誰かに受け取らせるのが、本来の意味での「遺言信託」です。しかし、これとは違う意味でも「遺言信託」という言葉が使われていて、**多くの信託銀行や一部の銀行が行なっている遺言書の作成や保管に関するサービスのことを「遺言信託」と称している**んです。あなたが目にされたのは、こちらの方のサービスのことではないでしょうか。

きっとそうだと思います。信託銀行などでしてくれるという遺言に関するサービスのことを、もう少しくわしく知りたいんですが。

大きく分けると、**遺言書の作成に関する相談**、**作成した遺言書の保管**、それから**遺言の執行**です。遺言書の作成にあたっては、遺言したい趣旨を伝えると、いろいろ書き方を教えてもらえるほか、必要に応じて弁護士や税理士による相談も受けられます。この場合には、**公正証書遺言**にすることを要請されます。遺言書の保管は、公正証書遺言を作ったときに受け取る遺言書の正本と謄本（原本は公証役場に保管）を預けることになります。その際、遺言者が死亡した場合に誰が信託銀行に通知するかを届けなければなりません。

遺言の執行まで頼んだ場合は、どんなことをしてもらえるんですか？

【遺言信託の手数料の例】

＊ある信託銀行の場合（消費税別）

・遺言保管時の手数料	30万円
・保管期間の手数料	年5000円
・遺言書の変更手数料	５万円
・遺言執行報酬率	
グループ預かり財産	0.3％
１億円以下の部分	1.8％
１億円超３億円以下の部分	0.9％
３億円超10億円以下の部分	0.5％
10億円超の部分	0.3％
（遺言執行の最低報酬額は150万円）	

相続人と相談のうえ、遺言書の内容を相続人や受遺者（遺言で財産を受け取る人）に披露します。その後に、相続人の協力を得て、相続財産の目録を作成します。相続人の所持している不動産の権利証、株式などは預けなければなりません。そして、信託銀行が遺言執行者となり、遺産を遺言の内容どおりに受け取らせるなどの執行手続きを行います。相続税の申告や納付についてもアドバイスがしてもらえます。

そういうサービスは、全部セットになっているんですか？

そんなことはありません。全部まとめて依頼することもできますし、遺言書の保管だけでもOKです。

手数料が気になるんですが。

銀行によって多少違いますが、契約時に基本手数料として10万円と消費税、保管を依頼する場合には年5000円～１万円といった見当です。遺言を変更して保管を依頼する場合には、基本手数料の半額が必要となります。

遺言執行を依頼するときの手数料（報酬）はどれくらいですか？

これは執行する財産の評価額によって決まります（上の表を参照）。報酬には最低報酬額があり、150万円（消費税別）になります。決して安くはありません。これは、遺言の執行が終わったときに支払うことになります。

遺言書に書いた内容は必ず実行されるのですか？

8 自分で保管する方法から法務局で保管してもらう方法まであります。

自筆証書遺言を作成したのですが、私が生きている間は相続人に内容を知られたくありません。そこで、遺言書の保管場所に悩んでいます……。

遺言書が死後に見つけられないと困るからといって、無造作に机の引出しの中や仏壇の棚においておくような話を聞きますが、紛失したり隠されたりする恐れもあるので、避けた方がいいでしょう。じゃあ、誰にもわからないところに隠しておけばいいかというと、今度は遺言書が発見されないままになる心配があります。相続人の誰かに預けるのも、ほかの相続人からあらぬ疑いをかけられ、争いにならないとも限りません。こう考えると、利害関係のない、信頼のおける友人などに頼むのがいいということになるでしょうか。

知合いは**銀行の貸金庫**に預けているそうですが、これはどうでしょう？

それも１つの方法ですね。ただ、貸金庫の契約者が遺言者ですと、遺言を貸金庫から取り出すのに相続人全員の立会いを求めるなど、銀行は慎重な姿勢でのぞみますので、相続人が遠方にいる場合などは、なにかと大変です。

絶対に確実で、安心な保管場所というのはないものでしょうか？

費用はかかりますが、**信託銀行で遺言書の保管を引き受ける業務を行っています**。この場合には、遺言者が死亡した場合に、信託銀行に通知する者をあらかじめ届けておかなければなりません。通知を受けた信託銀行は、遺言書を相続人等のもとに持参して披露しますので遺言が実行されないということはありません。また、これも費用はかかりますが、**弁護士に保管**

を依頼する方法もあります。信頼できる弁護士を知っていれば、相談してみてください。費用は、一般に、信託銀行に保管を依頼する場合よりも安いようです。

平成30年に、相続紛争防止の観点から法務局において自筆証書遺言を保管する制度が設けられました。施行は令和２年７月10日からです。法務局に保管しておくと、検認手続きは不要なので便利な制度です。

自筆証書遺言の場合だと保管に頭を悩ませますが、**公正証書遺言**ならそんな心配はないよと、知合いの人は言ってます。本当でしょうか？

そうですね。**公正証書遺言が作成されると、原本は公証人役場に保管されますから、紛失や盗難の心配はありません**。そのうえ、公正証書遺言の作成には、証人として２人が立ち会いますので、遺言が実行されないという恐れも少ないんです。証人が遺言のあったことを証明できるという意味では、**秘密証書遺言**の場合も同じです。

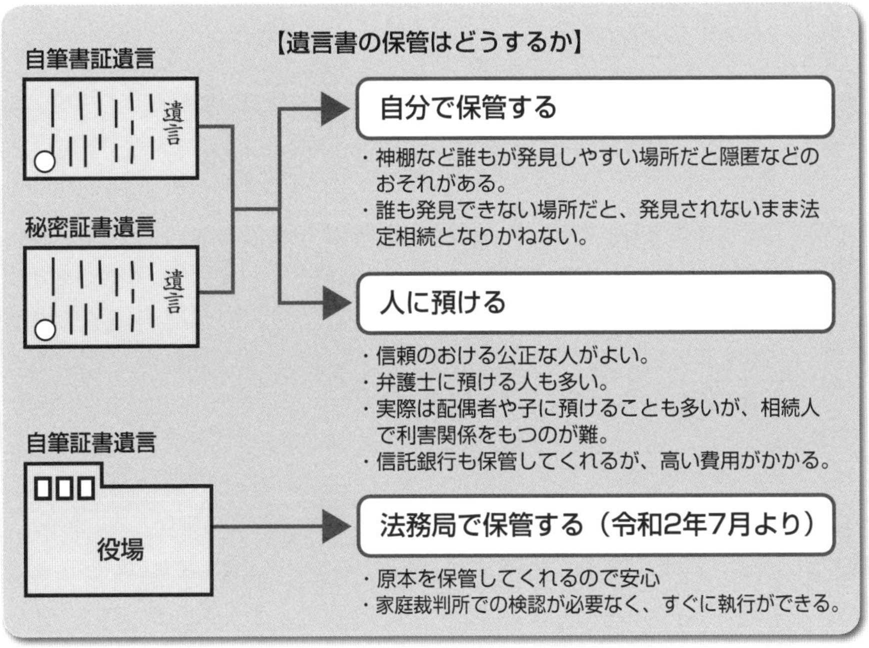

子への事業承継を生前に行うにはどうすればよいのですか？

9 遺言執行者がいないと相続人が遺言の指定と違う遺産分割をすることもできます。

私の作成した遺言書には**遺言執行者《いごんしっこうしゃ》**を指定していないのですが、遺言執行者の指定がないと遺言の内容は実行されないのでしょうか？

それは、まず、遺言の内容にもよる話です。**入籍をしない事実婚（内縁）でできた子や愛人の子を認知したり、暴力をふるう子を相続人から廃除したりする場合には、相続人全員、または相続人以外の遺言執行者が執行手続きを取らなければなりません。**相続人全員一致が難しいようならば、遺言書で遺言執行者を指定する必要があります。遺言執行者の指定がなかった場合には、相続人などの利害関係人が、家庭裁判所に対して遺言執行者の選任を申し立てることになります。

遺言執行者が決まらないと話が進まないわけですね。それなら、相続人だけで遺言の内容を実行できるのは、どういう場合なんですか？

遺言者が遺贈をした場合や、遺産分割の指定をした場合です。これらは遺言執行者が執行しても、相続人が執行してもかまいません。しかし、たとえば子どもたち３人で土地を分割して分けよ、などという遺言の場合には、相続人どうしの利害が対立してもめることも多いですから、遺言執行者を決めておいた方が、遺産分割の処理がスムーズにいくだろうとは思います。

なるほど。しかし、遺言執行者は、どうしても私が決めておかないといけないんですか。必ず遺産分けでもめると決まったわけでもないし、必要があるようなら子どもたちが選んでくれてもいいんですが。

そういうやり方もできますよ。**あなたが遺言執行者を決めなかったときは、相続人など利害関係人が相続開始地の家庭裁判所に申し立てて選んでもらうことができます。**

【遺言執行者の選任はどうするか】

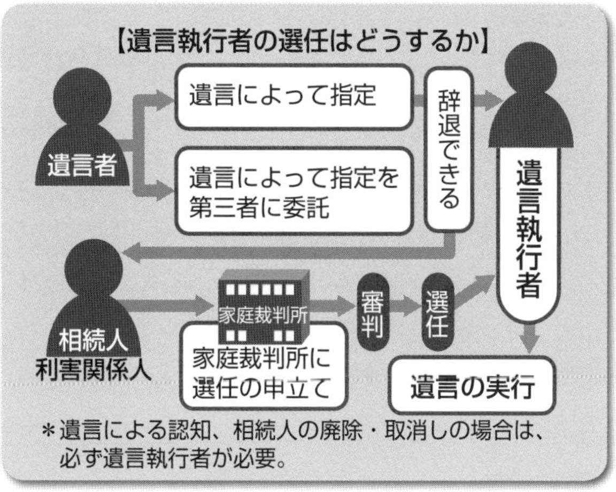

＊遺言による認知、相続人の廃除・取消しの場合は、必ず遺言執行者が必要。

候補者を自分たちで決めてから申し立てるのが普通で、家庭裁判所では相続人や遺言執行者の候補者から意見を聞き、遺言の内容、遺言執行の難易などを考慮して、遺言執行者を選任します。とくに法律的な問題がからみ、訴訟が予想される場合には、弁護士を選任することがあります。このようにして選ばれた遺言執行者は、相続財産の管理、その他遺言の執行に必要ないっさいの行為（代理人への委任を含む）をする権利義務をもつことになります。平成30年の民法改正で遺言執行者の権限が明確になりました。

なるほど、よくわかりました。遺言は書かれた内容によって、遺言執行者の手を借りないと難しい場合があるということでしたね。

そのとおりです。とにかく、**相続人ができることでも遺言執行者がいないとスムーズにいかないだろうと思われる場合については、遺言で遺言執行者を指定しておくべし**、ということです。ただ、遺言に指定がなくても、相続人などが申し立てれば、家庭裁判所に遺言執行者を決めてもらえるということも、すでに述べたとおりです。あと、**遺言に書いたとおりのことを相続人たちが本当にやってくれるかどうか不安なとき――たとえば遺産を親族以外の人にあげたり公共施設に寄付したりといったことを実現するには、遺言執行者を決めておいた方がまちがいがない**、ということは言えますね。

前に書いた遺言の内容を変更したいときはどうすればいいのですか？

10 新しい遺言書を書くと、前の遺言書と抵触する部分は撤回されたことになります。

遺言書を作ったんですが、内容を変えたいところがあって、作り直せないものかと思っています。そういうことは可能なんでしょうか？

遺言というものは、遺言を書いた人が死亡するまでは効力が発生しませんから、作成ずみだからといって遺言者がそれに拘束されることはありません。いつでも作り直していただいてけっこうです。

実は私、念を入れて公正証書で遺言を作っているんです。公証役場でわざわざ作ってもらったものをボツにするのは、どうも気がひけるようで……。

そんな心配はいっさい無用ですよ。**ご自分で書いた自筆証書遺言でも、公証役場でつくった公正証書遺言でも、遺言は遺言、なんのかわりもありません**。遠慮なく作り直してください。ただ、公正証書遺言をもう一度作る場合は、手続きの手間と費用が、再度かかってしまうということがあります。その意味では、そうそう気軽にというわけにもいかないでしょうが。

そのことなんですが、作り直しに費用をかけたくないということがあって、新しい遺言書は、自分で書いて作ってみようと思ってるんです。それは自筆証書遺言というものになるんでしょうが、本当に私みたいな素人が自分で遺言を書いて、せっかく公証人に作ってもらった公正証書遺言を、なかったことにできるんでしょうか。

ええ、だいじょうぶですよ。遺言は、**自筆証書だろうが、公正証書だろうが、日付けの新しい方が優先する決まり**です。自筆証書だから公正証書より効力が弱いとか、自筆証書遺言によって公正証書遺言の内容を改めることはできないとかいうことはいっさいありません。どの種類の遺言であれ、**前後して作った遺言書の内容が異なる場合には、その抵触する（矛盾していて両方は実行できない）部分については、あとの遺言で前の遺言を撤回したものとみなす、**というのが民法の条文です（1023条１項）。

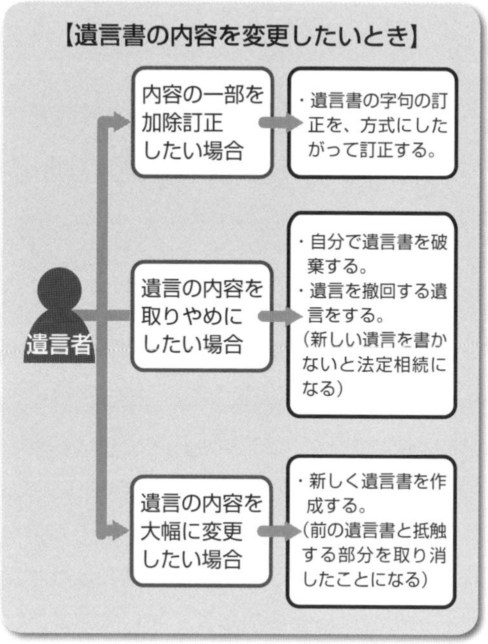

そうなんですか。しかし、新しい遺言書を自分で書いたので、前に作った公正証書遺言は破棄してくださいと、公証役場に連絡は入れておかないといけないんでしょうね。

いや、公証役場にそんな連絡をする必要はありません。それより、あなたが新しい遺言を書くとき、**新しい遺言書の中に「前の遺言を撤回する」旨を書き入れておかないといけない**ということがあります。

というのも、新しい遺言書を作っただけでは、古い方の遺言がぜんぶ撤回になるわけではないからです。古い方の遺言書も、新しい遺言書の内容と抵触しない部分は、依然として効力を持ち続けます。そうなると、相続人としては、古い方のどこが新しい遺言で撤回になっていて、どこがまだ生きているのかをいちいち確かめないといけなくて大変です。ですから、**遺言を書き直すのであれば、「前の遺言を撤回する」とはっきり書き入れて、古い遺言書の効力を完全に消し去っておくことが相続人のためになるんです。**

遺言書にあげた遺産に書き漏れがあったらどうなりますか？

11 遺言の中に指定しなかった財産は法定相続のルールで相続されます。

残される家族のことをいろいろと考えて、遺言書を作成しました。ところが、あとで思い返してみると、遺産としてあげたものに書き漏らしのあることがわかりました。どうすればいいでしょうか？

書き漏らしに気づかれたのなら、新しい遺言書を作成すればいいと思います。書き上げた遺言書に追加して書きこむ方法もありますが、あまりスペースもないでしょうし、汚くもなります。なにより**遺言書の修正（書込みや削除）は、面倒な方式にしたがってやらないと無効になりますから、だったら最初から書き直した方が早い**と思います。

なるほど、そうなんでしょうね。ところで、もしも私が書き漏らしたままにしてしまった場合、書き漏らした遺産はどうなるんでしょうか？

書き漏らしたというか、遺言で受取人を指定していない財産があれば、法定相続の決まりにしたがって分けることになります。もう少しくわしく言うと、遺言で個別に受取人を指定した財産は、その受取人あてに遺贈をされたことになりますが、法定相続人については、法定相続分にプラスして指定された遺贈財産も受け取らせると遺言に書いてある（あるいはそう読み取れる）場合には、その遺贈財産を除いた部分（「書き漏らし」の部分）を法定相続の割合で分けることになります。これに対し、法定相続分にプラスして受け取らせるように書いてない場合なら、その遺贈財産も含めて全遺産を相続人が法定相続分で分け合うことになるわけです（遺贈財産だけで法定相続分を超える場合は遺贈財産だけで終わりです）。

要するに、書き忘れた財産も法定相続のやり方で受け取れるわけですね。

そういうことです。遺言書で遺産の分け方を指定する場合、財産ごとに受取り人を指定する方法（たとえばこの建物は妻、この預金は長男…）と、割合を指定する方法（妻は遺産の何分の１、長男は何分の１…）があります。後者だと財産を書き漏らすということがありませんが、前者の個別指定では書き漏らしも起こりうる……

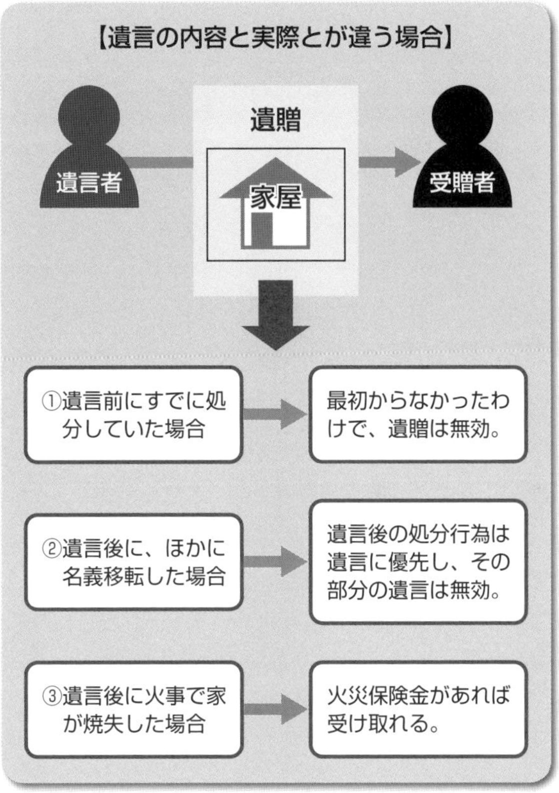

というか、**そもそも遺産のすべてを逐一指定はできませんし、そんな必要もありません。遺産のうちでめぼしいものについて受取人を指定していき、それ以外の雑品は、まとめて誰々に受け取らせるとか、相続人が話し合って分けるようにとでも書いておけば、それで漏れはないことになります。**

わかりました。ところで、いったん相続させると遺言に書いた財産を、そのあと必要があって売却したり、別の人にあげたりするとどうなりますか？

そういうことをすると、遺言者がその指定部分を撤回したことになります（民法1023条２項）。

遺言書でお墓を守ってくれる者の指定をすることはできますか？

12 遺言で「祭祀承継者」を指定し、祭祀財産をまとめて受け取らせることができます。

私の家は、江戸時代から続いている反物屋です。菩提寺は、多くの有名人のお墓もある有名なお寺です。広い墓地もあります。子どもが大勢いるので、墓地をめぐっての争いが起きるのが心配です。

墓地、仏壇、系譜などは、「**祭《さい》祀《し》財産《ざいさん》**」といって、民法では、ほかの相続財産とは違う扱いが定められています。これは祭祀財産が、かつては家督相続の特権に属する財産として扱われていたことや、祭祀財産は分割相続に適さないことから、ほかの相続財産とは異なった取り扱いにしてあるんですね。ですから、祭祀財産は相続財産ではなく、遺産分割協議で受取人や分け方を決められるものではありません。

それじゃ、その祭祀財産を受け継ぐ者は、どうやって決めるんですか？

祭祀財産を承継する者の順序は、法律によって決められています。第１番めは、**被相続人（亡くなった人）の指定**によることになっています。被相続人は祭祀財産の承継者の指定を遺言によってもすることができます。被相続人が指定をしていないときは、**その地方の慣習**によって決められます。慣習といっても特にない場合には、**家庭裁判所の審判**によって決められることになります。家庭裁判所は、祭祀財産の承継者は、被相続人と近蜜な関係にあり、被相続人にもっとも深い愛情をもつ者を選ぶべきであるとしています。

そういう者に選ばれたら、いろいろお金もかかることと思いますが、その分は相続財産から余分にもらえるんでしょうか？

祭祀の承継者は、相続財産から祭祀料を余分にもらえるような特権はない（東京高裁昭和28年９月24日判決）というのが裁判所の考えです。確かに祭祀承継者には物心両面の負担がかかるわけですが、遺族の代表格として身分相応な祭祀を自費で行なうのは当然のことだと考えたのでしょう。

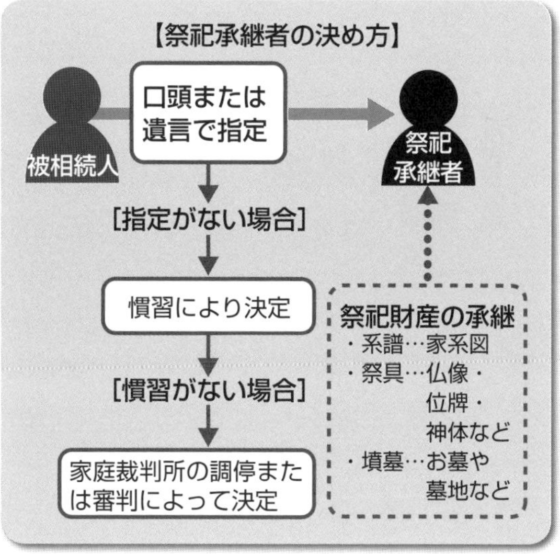

そうすると、遺言によって祭祀承継者を指定した場合に、その指定した者に余分に相続財産を渡すことはできないんですか？

いいえ、法律はそこまで制限していません。被相続人が生前贈与をしたり、遺言で遺贈をして、相応の財産を与えるのは自由です。

祭祀財産を承継した者は、これをほかの人に使わせたり、あるいは売ったりすることはかまわないんでしょうか？

うーん、このごろは墓地の値段なども高くなっていますので、そんな問題も出てくるんでしょうね。判例には、広島高裁・昭和26年10月31日の判決で、祭祀財産を贈与したり、売却したりしても有効だというものがあります。ですから、祭祀財産の承継者がほかの人に墓地などを使用させるのも、売ったりすることも、法的には可能ということになるのでしょう。しかし、ほかの遺族の心情や、祖先の御霊のことを思えば、独断で軽々にできることではないでしょうけどね。

世話になった人に遺産を渡し老妻の面倒をみてほしいという遺言はできますか？

13 面倒をみてくれる人に「負担つき遺贈」をする遺言をすれば目的に沿った遺言になります。

私たち夫婦には子どもがありません。そこで、私が先立った場合ですが、私たち夫婦がたいへん世話になっている人に遺産を渡して、少々認知症気味の妻の面倒をみてほしいんです。そういう遺言はできるんでしょうか。

ええ、そのような遺言もできますよ。そういう遺産の渡し方を「**負担つき遺贈**」といっています。しかし、**遺言は一方的な話ですから、世話を頼まれた人は、もちろんこれを断ることもできます**。また、引き受けるにしても、**遺贈を受ける財産の価額よりも負担を履行する方がお金がかかるという場合には、遺贈を受けた限度で負担を負えばいい**ことになっています。本当は、遺言をする前に、相手とそういう話合いができているといいんですが……。

それはそうですよね。でも、前もって話合いがついていても、私が死んで遺言の効力が生じる段になってから気がかわって断ったりされると困ります。そういうときは、その遺産はどうなるんですか？

断られた（遺贈を放棄された）場合のことも遺言書に書いてあれば、それに従いますが、そのことに触れられていない場合には、面倒をみてもらうはずであった妻（「**受益者**」といいます）のものになります。

なるほど。では、相手が遺贈を受け取ったのはいいけれども、負担の方は履行してくれない、なんていう場合には、どうすればいいんでしょうか。

そういう場合には、負担義務をちゃんと履行してくれという請求ができます。請求できるのは相続人、それに遺言執行者がいれば遺言執行者も請求できます。相当の期間を定めて、履行を求める催告をします。

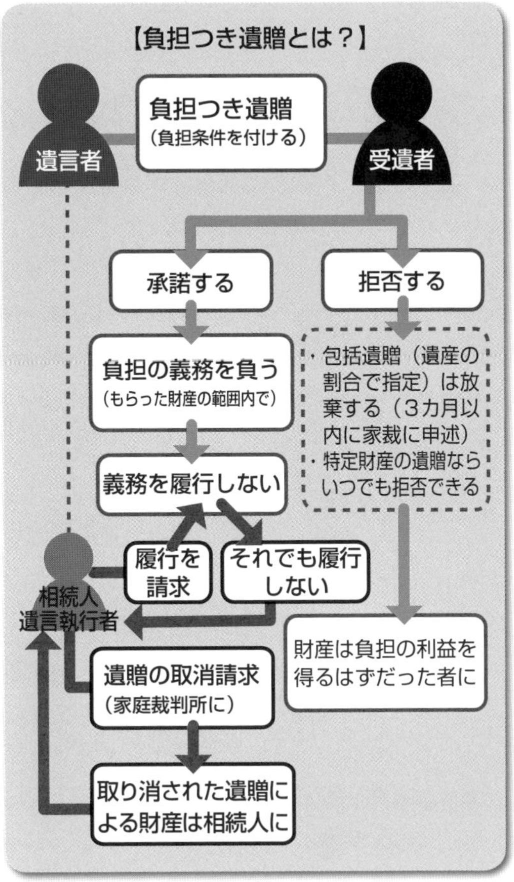

それでも義務をはたさなかったり、やってもいいかげんだったりしたら？

そうですね、遺言者としては、義務を履行してくれないのなら遺贈もしなかったというケースが多いでしょう。そこで、法律では、**相当の期間を定めて催告したあと、それでも義務を履行しなかったり、義務の一部しか履行せず目的を達成することができない場合には、相続人や遺言執行者が、その遺言の取消しを家庭裁判所に請求できる**と定めています。家庭裁判所は相続開始地にある裁判所です。

家庭裁判所で取消しが認められると、遺贈した遺産はどうなりますか？

その場合には、負担のついたままで相続人が受け継ぐことになります。あなた方ご夫婦には子どもがいないとのことですから、あなたに兄弟姉妹がおられれば相続人になります。あなたの奥さんは、相続人に対して面倒を見てくれと請求することになります。

愛犬を引き取ってくれることを条件に財産を譲りたいのですが

14 「負担つき遺贈」と「負担つき死因贈与」という方法があります。

私の買っている愛犬の「次郎」は、妻の亡きあと、唯一の愛情をそそげる家族です。私の死後、「次郎」を引き取って可愛がってくれる人がいれば、遺産の一部を与えてもよいと考えていますが、どんな方法がありますか？

ペットの世話をしてくれる人に遺産の一部を譲り、かわりに飼い主であるあなたの死後、ペットの面倒をみてもらう方法があります。すなわち、負担つき遺贈の方法と、負担つき死因贈与の方法ですね。その「負担」の内容は、あなたが飼っていたときと同じように愛情をもって飼育するということです。この負担を必ず実行してもらえるように、遺言書によって負担つき遺贈の方法を取る場合には、公正証書遺言にしておくこと、そして負担をはたしているかどうかをチェックしてもらうために遺言執行者を決めておくことです。遺言による遺贈は放棄することもできますから、必ず相手と事前に話し合って、了解を得ておいてください。覚書を交わしておくのもいいでしょう。

わかりました。いまのは「負担つき遺贈」ということでしたが、もう１つの「負担つき死因贈与」というものとはどう違うんですか？

負担つき死因贈与というのは、生前に相手方と合意して結ぶ契約です。契約書の中で、ペットの飼育を頼むこと、その代償として遺産の一部を亡くなったときに贈与すること、飼育にあたっての散歩の回数や食事の材料・回数、トリミングについてなど、次郎君が幸せに暮らしていくための条件を記載しておいてください。これは遺言で負担つき遺贈をする場合も同じです。

第4章

自分の思いどおりに遺産を渡す遺言はどのように書けばいいのですか

◎心配ごとの解消、世話になった人へのお礼、負担つき遺贈の遺言の書き方

遺言書については、第３章で述べましたが、本章では、さまざまなケースにおける、具体的な遺言書の書き方について解説します。

遺言書を書く場合に注意することは、遺言は主に財産をどう処分するかについての制度ですから、誰に、財産をどう相続させるか、あるいは遺贈するのかを書きます。「兄弟姉妹が仲よくすること」などといった財産の処分に関係のないことには、法律上の効力はありません。

また、遺言書を作成するにあたっては、死後に遺族が遺言書を見たとき、その内容が誰にもわかるように書くことが重要です。意味のわからない文言があっても、その時には書いた人に聞くことはできないのですから。

◆遺言書の書き方と法律の定め

◎遺言書を書くのは、けっこう難しい

遺言には法律が定める厳格な作成の方式があり（第３章で解説）、これが意外とわずらわしいものです。自分で書く「**自筆証書遺言**」は、原則として、すべて自筆（目録以外はワープロやパソコン、タイプではダメ）が条件ですし、書きまちがえたら線を引くだけで簡単に修正するというわけにはいきません。

また、遺言においては、「全財産の３分の１を長男一郎に相続させる」と相続分の割合を指定する方法と、「株式全部を長女花子に相続させる」というように具体的に渡す財産を指定する方法とがあって、どちらがよいかを決めるのも、遺産や遺族の状況に応じて考慮を要するところです。

◎法定相続とはどう違うかを明確にする

財産の譲り渡し方は決まっても、それを文章にするときの難しさがあります。たとえば同居している跡取りに住宅（土地・建物）を相続させたい場合、法定相続分のうちとして住宅を指定してあるのか、法定相続分にプラスして住宅も相続させたいのか、明確にしておく必要があります。遺言書に単に「長男に住宅を相続させる」とあるだけでは、法定相続分にプラスして住宅を相続させることにはなりません。法定相続分にプラスして住宅を相続させたいなら、「法定相続分にプラスして住宅を相続させる」と書く必要があるのです。

◎自分の意思のみを簡潔に書けばよい

遺言で遺産の受取り分を指定しても、民法の規定によって、その指定のとおりにはいかなくなることがあります。

たとえば、妻に全財産を与えたいと思って「私の全財産を妻○○に相続させる」と書いたとしても、ほかに子などの相続人がいると、その相続人の遺留分（必ず受け取れる相続分）を侵害しますから、その相続人は侵害された遺留分侵害請求（取戻し）ができるのです。しかし、あまり難しく考えすぎると、それこそ遺言書が作成できなくなってしまいます。遺言書には、あなたが財産をどうしてもそう処分したいのであれば、それを具体

的に簡潔に書けばいい、という割切りが必要な場合もあります（子らを納得させる配慮のしかたについては150ページ、153ページ）。子どもらが遺留分侵害請求をしなければ、遺言どおりに妻が全遺産を相続します。

◎費用はかけても専門家に目をとおしてもらうのがベター

自分の思い通りに書いた下書きを持って、弁護士などの専門家に相談してもよいでしょう。わかりやすく書いたつもりが、理解できない内容となっている場合もあります。弁護士には守秘義務がありますので、ほかの人にバレることはありません。

なお、自分では書かずにすむ「**公正証書遺言**」を作る方法もあります。

【自筆証書遺言書の作成サンプル】

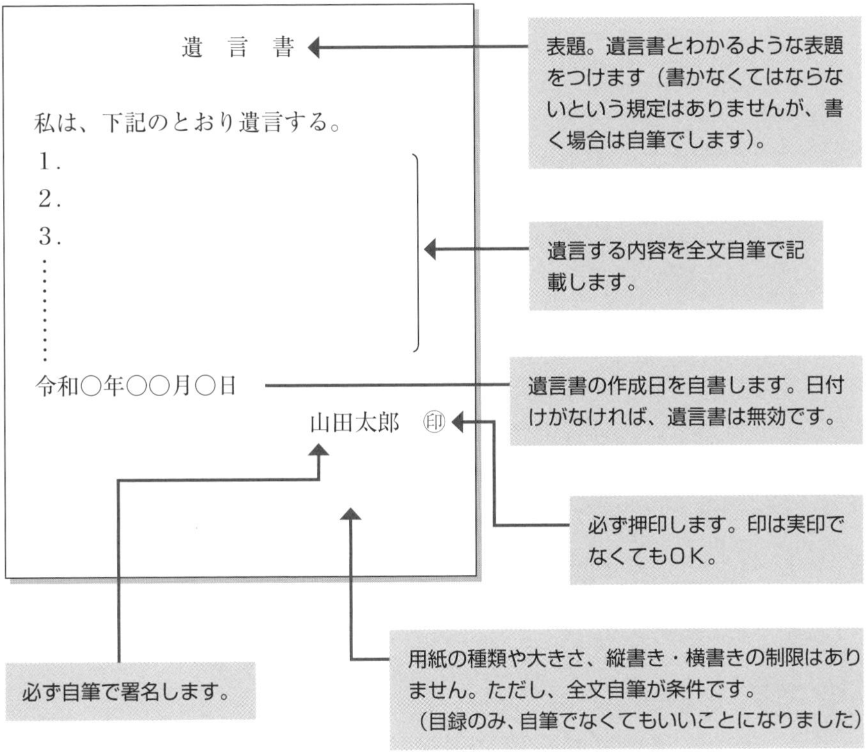

家族が仲良くするようにというメッセージを入れたいのですが…

1 メッセージを入れることは自由ですが、遺言としての法的効力はありません。

Q 私の子どもたちは仲が悪く、お互いに会うこともないようです。これではよくないので、「兄弟仲よくするように」という遺言を残したいのですが……。

A 「兄弟仲よくするように」という一文を入れた遺言を書くことは自由ですが、その一文には法律上の効力はありません。ただ、そのために遺言が無効になることもありませんし、そういう訓告がまったくムダともいえませんから、どうしても入れたいなら、それを承知の上で簡潔に入れるといいでしょう。

【メッセージを入れた遺言書のサンプル】

遺　言　書

私は、家族が仲良くすることを切に願う。

遺産については、下記のとおり遺言する。

1. ……………………

2、……………………

3. ……………………

令和〇年〇月〇日

甲野一郎　㊞

◆それぞれの相続人に対してメッセージを残すことも自由です。

◆しかし、だらだらと説教をするような書き方や、不満をぐちるような書き方などは避けた方がいいでしょう。

作成のポイント　メッセージには法律上の効力はありませんが、遺言が無効になることはありません。

妻のことが心配で全財産を妻に残したいのですが…（1）

2 妻に全財産を残すという遺言はできますが、必ずそうなるとは限りません。

Q 子どもたちは独立し、現在、妻と２人で暮らしています。財産は、住んでいる住宅と、わずかな貯金だけです。全遺産を妻に相続させたいのですが……。

A そうお思いなら、その旨の遺言をすればいいでしょう。ただ、あなたの思いどおりとなるかどうかはわかりません。お子さんたちには最低保障としての**遺留分**がありますので、その侵害額の支払請求をされることがあるからです。妻と子が相続人の場合、相続人全員合わせての遺留分は全遺産の$\frac{1}{2}$で、相続人ごとの遺留分は、その$\frac{1}{2}$に各人の法定相続分を掛けた割合です。

ただし、妻（子からみれば母）が全遺産を相続したとしても、いずれ彼女が亡くなればその財産を子が相続することになるのですから、トラブルにはならないかもしれません。仮にですが、先妻の子や婚外子（非嫡出子）がいる場合には、問題となる可能性が高いでしょう。

【妻に全遺産を相続させる遺言書のサンプル】

遺　言　書

私の全財産を妻花子に相続させる。

令和○年○月○日

甲野一郎　㊞

◆もっとも簡単な遺言例です。他の相続人は相続放棄をするように、などと余計なことは書かないでください。相続放棄をするかどうかは、相続人の自由だからです。

作成のポイント

配偶者（妻）とその子が相続人の場合、問題とならない可能性が大ですが、子に一応は話しておいてください。

妻のことが心配で全財産を妻に残したいのですが…(2)

3 遺留分のある子どもあてに多少の財産移転をして配慮を示す例もあります。

Q 3人の子供はそれぞれ独立し、自分の家をかまえています。私の財産といえば、現在住んでいる家と土地、それにわずかばかりの預貯金です。妻も働ける年齢ではないので、できれば全財産を妻のために残したいんですが。

A 全財産を妻に相続させるという遺言は有効ですが、遺留分の壁があることはすでに説明した通りです。奥さんと子ども3人が相続人なので、全体の遺留分は$\frac{1}{2}$、これを各人の相続割合で振り分けて、遺留分は奥さんが$\frac{1}{4}$、子どもはそれぞれ$\frac{1}{12}$ずつです。ただ、実際問題として、遺留分の侵害額の支払請求までして母親から金銭を取ろうとする子どもはいないでしょう。いずれ子どもたちは母親からも相続できるのですしね。もっとも世間には奥さんが後妻で、子どもは前妻の子というように、なさぬ仲の例もあるでしょう。そういう場合は、遺留分の分を残して、残りを奥さんに相続させるとするべきでしょう。

【妻に全遺産を相続させる遺言書のサンプル】

遺　言　書

私の全財産は妻花子に相続させる。ただし、下記のものは例外とする。

① 私の愛車クラウンデラックスは長男太郎に相続させる。

② 長女の桜子が住宅を新築する際に貸し付けた金○○万円は返済不要とする。

令和○年○月○日

甲野太郎　㊞

◆要点のみを書いた、簡潔な遺言書のサンプルですが、00ページの例よりも子どもたちへの配慮が示されています。
◆遺留分については、あえて触れていません。母親に対して遺留分の主張をするかどうかを子供たちの良識にゆだねました。

作成のポイント

子どもたちには母親を扶養する義務があります。この遺言でその負担が軽くなる旨を話しておきましょう。

交通事故で障害者となった子に遺産を多く残したいのですが…

4 相続分を多くする方法と、具体的な財産を指定して相続させる方法がある。

Q 私の次男は今年50歳になりますが、交通事故で障害者となり、次男夫婦の家族の収入もそんなにありません。そこで、私の財産の半分程度を次男に残してやりたいと思うのですが……。

A その旨の遺言をすれば大丈夫でしょう。障害者である次男の相続分を多くする遺言をお考えのようですが、もっと具体的に、相続財産の中の預金○○万円を相続させる、と書く方法もあります。

【障害者の子の相続分を多くする遺言書のサンプル】

遺　言　書

私は次のとおり遺言する。

私の遺産について、相続分を下記のとおり指定する。

1．妻花子は３分の１
2．長男一郎は12分の１
3．次男二郎は２分の１
4．長女松子は12分の１

令和○年○月○日

甲野一郎　㊞

◆障害者の次男に遺産の半分を残す遺言の例です。これだと遺留分を侵害することもありません。
◆ただし、具体的に遺産をどう分けるかは、相続人全員による遺産分割協議で決まります。

作成のポイント

遺言がなければ法定相続分を受け取るだけとなります。
遺産のうちの「預金○○万円を相続させる」といった方法もあります。

遺産は妻と住んでいる住宅しかないので遺産分割を禁止したいのですが…

5 遺産分割を遺言で禁止することはできますが、5年を超えることはできません。

Q 私は妻と２人暮しで、２人の子どもは家を出ています。私が亡くなっても、妻は「一人暮らしでいいので、この家で生活したい」と言います。妻が生きているうちは家の遺産分割を禁止して、住まわせてやりたいのですが……。

A 法律上は、**遺言で遺産の分割を禁止することはできますが**、その期間は５年までです。しかし、**遺言の内容を尊重して、その後も遺産を分割をしないことにするのは、相続人の自由**です。気になるなら、相続人である子どもたちに５年を過ぎても遺産分割をしないように頼んでおくとよいでしょう。それでも心配なら、妻に住宅を相続させる旨の遺言をすることです。

【妻のために遺産の分割を禁止した遺言書のサンプル】

遺　言　書

私は、次のとおり遺言する。

1．相続分は妻花子は３分の２、長男一郎、次男二郎については６分の１ずつとする。

2．妻花子の生存中は遺産の分割を禁止する。ただし、預金、株式類は当初より分割を許す。

3．妻において生活費が必要な場合には、２人の子は平等に、前記預金、株式の取り分からその生活費を負担する。

令和○年○月○日

甲野一郎　㊞

◆分割禁止のものについては、相続人の共同相続となります。

◆なお、相続人の合意により５年内に分割することは可能とされ、また、５年間を超えても分割しないことも自由です。

作成のポイント

遺産分割の禁止期間は５年間です。
これを超えるようなら、別の方法で……

妻のため、同居の長男に他の兄弟よりも多く相続させたいのですが…

6 長男の相続分を増やすのは可能ですが、遺留分侵害のトラブルとならないよう注意。

Q 私たち夫婦は、長男とその家族との同居です。私も病気がちですが、妻には認知症の徴候があり、私が死んだあとの妻のことが心配です。そこで、同居している長男に他の２人の子よりも多く財産を相続させ、面倒をみさせたいのですが……。

A あなたの死後、奥さんの面倒を見ることになる長男に、遺言で他の２人の子よりも多く相続させることはできます。ただし、一見しただけでは不平等のようですので、他の子から異議が出ないように、よく理由を説明しておいてください。なお、妻の面倒をみることを条件に、**負担つき贈与**をする方法もあります。

【妻のために長男に多く相続させる遺言書のサンプル】

遺　言　書

私は、次のとおり遺言する。
遺産の相続分は次のとおりとする。
1．妻花子は２分の１
2．長男一郎は３分の１
3．次男二郎は12分の１
4．長女春子は12分の１
令和〇年〇月〇日
甲野一郎　㊞

◆長男の法定相続分は全遺産の6分の1ですが、その倍の3分の1を指定したものです。これだと、次男と長女の遺留分（それぞれ全遺産の12分の1ずつ）は侵害していません。

作成のポイント　**子の相続分が同じでない場合には、トラブルとならないように遺留分は侵害しないように指定した方がよいでしょう。**

同居している婚姻外の女性の私が死んだあとの生活が心配ですが…

7 遺言で贈与するとよいでしょうが、相続人の遺留分侵害はトラブルの元です。

Q 私には、妻と息子が1人いますが、現在は婚姻外の女性（いわゆる愛人）と同居しています。この女性との間には子はなく、私が死んだあとの生活が心配です。そこで、許される範囲で、最大限に財産を渡したいのですが…。

A こうした遺言がいちばんトラブルとなります。相続人以外の人が財産をもらうことになるからです。そこで、遺言をするにあたっては、遺留分を侵害しないこと、贈与する財産は金銭の類がよいでしょう。相続分の指定だと、家や土地などの具体的な分割が必要となりますので、誰がどれをもらうかでもめるからです。また、こうした遺言状は**遺言執行者**を指定し、信頼できる人に保管してもらっておくのがよいでしょう。

【婚姻外の女性に財産を贈与する遺言書のサンプル】

遺　言　書

私は、次のとおり遺言する。

1．私の全遺産のうち、預金・株式の中から、金２０００万円分を次の者に贈与する。

東京都武蔵野市新町１丁目○番○号

山田秋子

2．その余の財産については、法定相続分のとおりに各相続人に相続させる。

令和○年○月○日

甲野一郎　㊞

◆贈与する財産は、金額や具体的なものの記載をした方がよいでしょう。こうしておけば、遺産の具体的な分割を協議で決める必要もないからです。
◆また、贈与額が相続人の遺留分を侵害しないことも大切です。

作成のポイント
遺産分割の禁止期間は５年間です。
これを超えるようなら、別の方法で……

会社の承継で子どもたちが争いになるのではと心配なのですか…

8 株式会社の承継は株式を相続させる方法で行います。株式の評価でもめることもあります。

Q 私は自分のつくった会社の社長をつとめ、株も過半数所有しています。長男が手伝ってくれており、ほかで働いている次男も経営に参加したがっています。会社の行く末を考え、長男を後継者とする遺言を書いておきたいのですが…。

A 遺言書に後継者を長男の○○にすると書いただけでは不足です。会社は株式によって支配されますので、「○○株式会社の株式の全部を長男に相続させる」と具体的に記載しておきましょう。

【会社を子の１人に継がせる遺言書のサンプル】

遺　言　書

私は、次のとおり遺言する。
1．私所有の株式会社甲野屋の株式全部を長男一郎に相続させる。
2．私個人が株式会社甲野屋に貸し付けている下記不動産は長男一郎に相続させる。
不動産の表示（略…実際にはきちんと書く）
3．妻花子には、現在居住する自宅の土地建物を相続させる。
不動産の表示(略…実際にはきちんと書くこと)
4．上記以外の資産は、妻花子、長男一郎、次男二郎、長女春子に、法定相続分どおりに相続させる。
令和○年○月○日
甲野一郎　㊞

◆株式の全部が後継者に相続されます。
◆会社に対して貸しつけている不動産や貸付金があれば、株式と同様に後継者に相続させた方がよいでしょう。
◆遺留分の侵害については気をつけてください(34ページ参照)。
なお会社が赤字で不動産もない場合、株式の評価額はたいした額にはなりません。

※中小企業の事業承継では、推定相続人の合意、経産大臣の確認、家裁の認可により、後継者が旧代表から贈与を受けた株式を遺留分侵害請求の対象外とすることなどができます。

作成のポイント **子の相続分が同じでない場合には、トラブルとならないように遺留分は侵害しないように指定した方がよいでしょう。**

個人商店の財産が、相続でバラバラにならないか心配ですが…

9 後継者に個人商店を構成するいっさいの財産を相続させる遺言を書くことです。

Q 私は自宅の一階で金物店を営業していますが、次男に店を継がせたいのです。

A 個人商店の場合、事業に関する資産はすべて事業主の個人資産ですから、そのままでは法定相続で分割されてしまいます。したがって、事業を構成する一切の財産を後継者に相続させる内容の遺言をするとよいでしょう。

【個人商店を後継者に相続させる遺言書のサンプル】

遺　言　書

私は、次のとおり遺言する。

1．「○○商店」を構成する一切の財産を、次男二郎に相続させる。

(1)上記「○○商店」を構成する一切の財産とは、下記表示の土地、建物およびその内外に存在する一切の什器備品、商品等の動産、売掛金、その他の営業上の債権全額と、これに対応する買掛金その他の営業上の債務全部、それに「○○商店」の名称およびのれん権等である。

土地、建物の表示（略…実際には書くこと）

(2)上記(1)の他、○○銀行の預金（口座番号○○）は、運転資金として二郎に相続させる。

2．その他の財産は、妻花子に2分の1、長男一郎に4分の1、長女春子に4分の1を相続させる。

令和○年○月○日

甲野一郎　㊞

◆これで、個人事業を構成する財産の分割が阻止されます。

◆本例のように商店が自宅の1階にあるような場合には、自宅を個人商店を構成するいっさいの財産から切り離して妻に相続させ、それを後継者に貸しつけることにしてもよいでしょう。ただし、妻が亡くなった場合に再度相続が起きると、問題になることがあります。

◆遺留分の侵害には要注意ですが、遺留分侵害を覚悟で遺言することもできます。また、生前贈与による方法もあります。

作成のポイント

株式会社の承継と異なり、個人事業の後継者への承継では、事業関係のいっさいの財産を相続させる必要があります。

先祖代々受け継がれている農地の分散を防ぎたいのですが…

10 農業関連の財産いっさいを遺言で後継者に相続させることです。

Q 私は長男とともに農業をやっています。先祖代々の農地や山林の分散を防ぐために、遺言を書きたいのですが、どのような内容にすればよいですか。

A 農業経営に必要な財産のいっさいを後継者に相続させることが重要ですが、他の相続人の遺留分を侵害する可能性が大です。遺留分侵害額請求が心配なら、一定額を他の相続人に支払う（**代償分割**）などの手当をしておくとよいでしょう。

【農業を後継者に相続させる遺言書のサンプル】

遺　言　書

私は、長男一郎を甲野家の営む農業全体の後継者としたく、次のとおり遺言する。

1．下記の田、畑、山林は長男一郎に相続させる。
土地の表示（略…実際には書くこと）

2．下記の宅地建物は、農業経営の一環を構成するものとして、長男一郎に相続させる。
宅地建物の表示（略…実際には書くこと）

3．1、2記載の土地建物のほかに存在する一切の農業用動産（別紙）は長男一郎に相続させる。

4．○○共同組合の組合員権、同組合に対する預金類および債務の一切も長男一郎に承継させる。

5．長男一郎は、他の相続人それぞれに対して、金１００万円ずつを支払わなければならない。

令和○年○月○日

甲野一郎　㊞

◆農業関連の資産としては農地や山林だけでなく、自宅や蔵などの不動産、農機具などの動産もあります。これを遺言書に記載するのもよいのですが、項目が多いでしょうから別紙として記載するのもよいでしょう。財産目録はパソコン等でもよくなりました。

◆農業の後継者には寄与分もあると思われますが遺留分を侵害することが予想される場合、一定の金額を他の相続人に支払うよう指定するのもよいでしょう。

◆生前贈与で承継させる方法もあります。

作成のポイント

後継者に農地を含め農業関連の資産を相続させ農地等の分散を防ぐことが肝要です。

未婚で同居している長女が相続で家を追い出されないか心配ですが…

11 自宅を相続させる遺言を書けばいいのですが、財産が自宅のみだと遺留分を侵害します。

Q 私は妻を亡くし、長女と生活しています。子どもは３人いて、息子２人は結婚して別に暮らしていますが、長女は未婚で仕事にもついておらず、私が死んだあと、どのように生きていくのか心配です。財産は自宅のほかに目ぼしいものはなく、せめてこの自宅は長女に残したいのですが…。

A 自宅しか財産がない場合、それを１人だけに受けとらせると他の相続人の遺留分を侵害します。それを覚悟で、あえて自宅を相続させる（正確には遺贈する）ことも可能ではあります。あなたのケースでは、長女は未婚なので、彼女が死亡した場合の相続人は兄弟姉妹だけです。息子さんに、いずれはあなたたちのものになる（仮に先に亡くなっても子どもが**代襲相続**する）からと因果を含めて説得し、自宅を長女の方だけに相続させるのもいいでしょう。なお、遺留分侵害額請求が避けられそうになければ、**遺留分にあたる持分割合分だけは息子さんたちにも相続させて共有とし、長女が１人で住むかわりに他の相続人に家賃相応額を支払うような方法**も考えられます。

【同居の未婚の長女に自宅を残す遺言書のサンプル】

遺　言　書

私は、次のとおり遺言する。

1．下記の宅地建物を長女の春子に相続させる。

土地・建物の表示（略…実際には書くこと）

2．その他の財産については、長女春子も含め、法定相続分にしたがい相続させる。

令和○年○月○日

甲野一郎　㊞

◆これは、あえて相続分を侵害することを覚悟して、自宅を長女に相続させるとした遺言書の例です。

◆遺留分を侵害しても、遺留分侵害額請求が他の相続人によってなされないかぎり、遺言どおりの相続となります。

◆２の条項で長女は特別受益（自宅）の持戻しを免除（⇒81ページ）されています。

作成のポイント

遺留分を侵害する遺言をする場合、他の相続人の理解を得ておくのも方法です。

子に対する教育費が不公平だったので遺言で是正したいのですが…

12 教育費は通常、特別受益になりませんが、不公平と思うなら遺言で埋合わせを。

Q 私には２人の子がいますが、長男は高校を出て働き、次男は私立の医学部の大学院まで行っており、教育でかかった金額が約1000万円も違います。現在の収人も次男の方が高い給料をもらっています。私には、この教育費の違いは不公平と思われてなりません。長男に1000万円ほど多く相続させたいのですが…。

A 遺言をせず法定相続になると、教育費は通常は**特別受益**（78ページ参照）とはされず、相続分の計算で「持戻し」をしないので、兄弟間の差額を是正できません。不公平だったと思われるのなら、その差額を埋めるだけ、長男の方に遺贈してあげてください。この例では、子どもたちは法定相続の規定に即して、１人あたりの相続分とし、長男の受取り分は、これにあと５00万円（弟の相続分から差し引いた額）を預金を使って上乗せします。これで、長男が次男よりちょうど1000万円多く受け取ることになります。

【教育費の違いを是正する遺言書のサンプル】

遺　言　書

私は、次のとおり遺言する。

1．妻花子には遺産の２分の１を相続させる。

2．長男一郎については、遺産の４分の１および預貯金の５００万円を相続させる。

3．次男二郎については、遺産の４分の１から５００万円を差し引いた相当額を相続させる。

令和〇年〇月〇日

甲野一郎　㊞

◆長男の分を500万円増やし、次男の分を500万円減らすことによって、兄弟の相続額に1000万円の差をつけたものです。遺産の$\frac{1}{4}$（法定相続分）も、長男は500万円とは別に受け取れる指定です。

◆特別受益について争いとなることが心配な場合も、こうした遺言書を作成しておくとよいでしょう。

作成のポイント

遺言で、特別受益については相続分から控除しない、とすることもできます。

認知していない子に、他の子と同等に相続させたいのですが…

13 遺言等で認知し、相続分については「ほかの子と同じ」とする遺言をします。

Q 私には認知していない婚姻外の子（いわゆる愛人の子）がいます。不憫なので、せめて相続にあたっては、他の子と同じに相続をさせたいのです。

A まず、遺言でその子を認知し（認知は生前にもできます）、遺産を相続させる方法があります。**認知をすると、愛人の子は非嫡出子ですが、嫡出子と同等の相続ができるよう平成25年１月に民法が改正されました。**次に、認知はしなくても、遺産の一部を贈与する方法もあります。この場合は、相続人にはなりませんが（子の方から認知を求めることはできます）、嫡出子の相続分と同じ額を遺贈する指定をします。

【認知して他の子と同じく相続させる遺言書のサンプル】

遺　言　書

私は、次のとおり遺言する。

1．次の者を認知する。

東京都○○区○○町○番○号

田中宏（平成○○年○月○日生）

2．上記田中宏の相続分は、他の子と同一とする。

3．上記田中宏の相続分の分割方法は、私の預金（○○銀行○○支店　普通口座番号××……）の中から現金で相続させる。

4．遺言執行者として、東京都○区○町○番○号□□法律事務所　弁護士・法務太郎氏を指定する。

令和○年○月○日

甲野一郎　㊞

◆遺言で認知（自分の子と認めること）ができます。認知により、非嫡出子にも相続権が生じます。法定相続分は嫡出子と同じです。遺言にその旨を記載しておくのもよいでしょう。

◆相続分（割合）だけ指定したのでは、具体的になにを受け取るか、ほかの相続人との分割協議を要しますので、相続分相当額を金銭で渡す遺言をした方がいいでしょう。

◆遺言ではなく、生前贈与という方法もあります。

作成のポイント

非認知の子に嫡出子と同等に相続させたい場合は、認知する旨を書きます。

親を亡くした孫の将来のために相続させたいのですが…

14 子がすでになく、その子（孫）がいれば、遺言なしでも代襲相続人になります。

Q ３番めの息子が交通事故で亡くなり、死亡したその子の子（孫）を引き取って生活しています。不憫だし、将来のこともあり、ほかの子より多くの遺産を相続させたいと思っているのですが、どうすればいいんでしょうか。

A 被相続人（あなた）の子が死亡している場合、その子の子（被相続人からすれば孫）は、死亡した親に代わってその相続分の**代襲相続人**となります。あなたのケースでは、その代襲相続人（孫）は１人ですので、亡くなった息子さんが法定相続でもらえた分をそっくり相続できるということです。この法定相続分より多く相続させたいのであれば、遺言をする必要があります。

【親を亡くした孫に多く相続させる遺言書のサンプル】

遺　言　書

私は、次のとおり遺言する。

1．甲野雄一は、死亡した甲野健一の子で、私の孫である。したがって、甲野健一の代襲相続人であり相続権を有する。

2．甲野雄一には、私の預貯金より１０００万円および、その余の財産について法定相続分のとおり相続させる。

3．他の相続人については、遺産から上記１０００万円を差し引いた分について、法定相続分のとおり相続させる。

令和○年○月○日

甲野一郎　㊞

◆この例は、相続分のほかに1000万円を相続させる（遺贈する）というものです。この1000万円にプラスして、その余の財産は法定相続の割合で受け取れることを明確にします。そうしないと、相続の方の受取り分から1000万円が差し引かれてしまうことになります（⇒78ページ）。

◆なお、遺言ではなく、生前贈与による方法もあります。

作成のポイント

子が死亡していれば、その子（孫）に遺言で法定相続分より多く相続させることができます。

世話になった人に遺産を残す遺言書を書きたいのですが…

15 相続人がいるのに相続人以外の人に遺贈する場合、遺言執行者を指定すべきです。

Q 会社が倒産の危機にあるとき、返済期限も定めず低利でお金を融通してくれた山田一郎氏に遺産の一部を贈りたいんです。相続人として妻や子がおりますので、あとでモメることのないようにしたいのですが。

A 遺産の価額の２分の１が相続人（妻と子）の遺留分ですから、この範囲内に山田氏への遺贈を抑えれば、遺留分侵害額請求（取戻し）のゴタゴタは起きません。ただ、相続人以外の第三者が入ってきますと、なにかとモメる可能性がありますので、**遺言執行者**を選んで遺言の執行手続きを頼むのがいいでしょう。

【世話になった人に遺産を渡す遺言書のサンプル】

遺　言　書

　私は、〇〇株式会社の会長を退くことを機会とし、以下の通り遺言する。

1．会社事業のために大変世話になった山田一郎氏に〇〇株式会社の株１０００株を遺贈する。

2．妻花子には現在住んでいる土地家屋と、〇〇銀行の定期預金を相続させる。

3．長男太郎、次男二郎、長女桜子の３人には、その余の財産を等分に相続させる。

4．遺言執行者として、次の者を指名する。

都道府県市区町村番地　弁護士　法野　守

令和〇年〇月〇日

甲野太郎　㊞

◆遺言は遺言者の最終的な意思表示ですから、これが守られないとなんのために遺言をしたのかわかりませんが、第三者へ遺贈する場合、相続人が遺言を守るとは限りません。そこで、誠実に遺言内容を実行してもらうために、遺言執行者の指定するのがよいでしょう。

◆遺贈を受ける人（受贈者）は、これを放棄することもできますので、確実に受け取ってほしければ、生前に話して了解を得ておきましょう。

作成のポイント

相続人以外に遺贈する場合、相続人の遺留分を侵害しないよう配慮しましょう。

世話になった人に全遺産を遺贈したいのですが…

16 遺留分のある相続人がいると問題ですが、兄弟姉妹だけなら大丈夫です。

Q 東日本大震災で家が倒壊し、妻を亡くしました。半年もの間、私を引き取ってくれ、励ましてくれた恩人が富士太郎さんです。私が今日あるのは富士さんのおかげなので、遺産の全部を富士さんに遺贈したいと考えています。子どもはもともとおりませんでしたし、親ももう亡くなっています。

A 妻子と、親もおられないということですが、兄弟姉妹はどうでしょうか。兄弟姉妹や甥姪がおられれば、あなたからの遺産を受け取る相続人になります。兄弟姉妹には遺産の一部を必ず受け取れる遺留分権はないので、あなたが他人に全財産を譲る遺言をしても法律上はなにも介入できませんが、気持ちのうえでは面白くないかもしれません。それに、遺言をせっかく書いても、その内容をきちんと実行してくれる人がいないといけませんし、財産移転に際して富士さんがいやな思いをすることのないよう、信頼のおける人（弁護士など）を**遺言執行者**として頼み、遺言書にその旨を記載しておいてください。

【恩人に全遺産を遺贈する遺言書のサンプル】

遺　言　書

私は、東日本大震災に遭遇した折に、言葉に言い尽くせないほどお世話いただいた仙台市○○区○○町に住まわれている富士太郎さんに全遺産を遺贈することを遺言します。

遺言執行者として、東京都○○区○○町番地に事務所のある弁護士　乙野二郎氏を指定します。

令和○年○月○日

遺言者　甲野太郎　㊞

◆仮に遺留分のある相続人がいると、財産の全部を他人に譲るようなことは困難です。遺言でする遺贈でなく、生前の贈与を選んでも、その後１年以内に死亡すると遺留分侵害請求が認められる可能性があります。

◆遺留分権者の了解があれば、家裁の許可を得て遺留分を放棄してもらう予防策はとれます。

作成のポイント

遺言の内容の実行に不安があるときは遺言執行者の指定が欠かせません。

私を介護してくれている亡き長男の妻に遺産を残したいのですが…

17 長男の生死に関係なくその妻に相続権はないので、必ず遺言をすることです。

Q 妻には先立たれ、子どもたちもみな家を離れています。私の面倒をみてくれているのは、死んだ長男の嫁であった京子さんです。財産がそれほどあるわけではありませんが、少しでも財産を相続させてあげたいのですが…。

A 以前は、そのお嫁さんには、あなたの財産について相続権はありませんし、献身的にあなたを介護した**寄与分**についても、相続人としての夫（あなたの長男）に生じるものですから、亡くなられているので主張できませんでした。しかし、平成30年の法改正（令和元年７月１日施行）で、相続人ではない寄与者（長男の嫁など相続人以外の親族）にも「特別の寄与」があれば請求権が認められることになりました。ただ、これはまだ制度が定着しておらず、はっきりしないので、遺言をして遺贈する方が確実です。ただ、あなたの子どもたちの相続権もありますから、**その遺留分を侵害しない範囲以内で遺贈をするのが賢明**です。子どもたちの遺留分は、全員で遺産の$\frac{1}{2}$です。その範囲内でしたらトラブルにならないと思います。

【介護に尽くした長男の妻に遺産を残す遺言書のサンプル】

遺　言　書

今日まで私を献身的に介護してくれている亡き長男の妻である京子さんに感謝すると同時に、これに対する誠意の一端を示すために本遺言書を作成する。私の死後は、現在住んでいる土地家屋、ならびに所有している農地は、全部売却し、その２分の１を京子さんに遺贈する。

この遺言を誠実に実行してもらうために、○○寺の住職　丙野良雄師を遺言執行者に指定する。

令和○年○月○日

遺言者　甲野太郎　㊞

◆遺言書を作成しても、保管のしかたによっては発見されない恐れもあります。また、子どもたちが遺言書のとおりに財産を処分するかどうかも不安でしょう。信頼できる人に遺言執行者になってもらっておけば、このような不安は解消できます。

◆不動産の売却手続きなどは遺言執行者が行うことになります。

作成のポイント

あとで相続人ともめて長男の妻がつらい思いをしないよう子どもたちにもよく話しておくことをすすめます。

介護の面倒をみることを条件に相続人の１人に遺産を多く渡したいのですが…

18 「負担つき遺贈」が可能ですが、放棄もできるので、事前の話合いが大切です。

Q 私も妻も高齢で病気がちですので、子どもに介護の面倒をみてもらいたいのですが、面倒をみてくれた子には遺産を多くあげるという遺言はできますか。

A 介護の面倒をみることを条件に遺産を多く渡すという、いわゆる「**負担つき遺贈**」を遺言ですることは可能です。あなたの場合には、あなたが亡くなって遺言の効力の発生する前から負担部分の履行を求めることになりますが、これも遺言で指名された子が了承すれば問題はありません。仮りにあなたが奥さんより先に亡くなられると、相続とともにこの「負担つき遺贈」の効力が生じて、残った奥さんの介護の面倒を、遺贈を受けた人が引き続きみることになります。いずれにせよ、面倒をみさせる子どもとの話合いが肝要です。

【条件をつけて遺産を多く相続させる遺言書のサンプル】

遺　言　書

1．私は、２人の子のうち長男　甲野隆に、私と妻の介護の面倒をみることを条件に私の全遺産の４分の３を相続させる。ただし、長男が世間的にみて十分な介護を行わず、かつ遺言執行者の指摘にもかかわらずこれを守らない場合には、この遺言を取り消すものとする。

2．遺言執行者として、都道府県市区町村番地、弁護士　丙野三郎氏を指定する。

令和○年○月○日

甲野太郎　㊞

◆これは負担つき遺贈の遺言書のサンプルです。これと同様の効力をもつのが「負担つき死因贈与契約」です。法的効力はほとんど同じです。後者は契約ですから、介護に関する細かい条件などを贈与の受け手と話し合って決められるという意味では、こちらを考えてみられてもいいと思います。

◆お目付役に遺言執行者の指定をしておくと安心です。

作成のポイント

子どもの介護のしかたをチェックするため、信頼のおける人に遺言執行者になってもらうといいでしょう。

供養や法要を行う祭祀承継者に遺産を多く残してやりたいのですが…。

19 法定相続では祭祀を主宰することになっても多く受け取れませんので、遺言が必要です。

Q ３人の子のうち、２人は別の地方に住んでおり、同じ市内にいるのは長女だけです。私たち夫婦の死後、お墓を守り、法要を営んでくれるように頼めるのは長女だけなのですが、長女に遺産を多く残すことはできるでしょうか。

A 相続となると、祭祀財産を受け取ったのだから相続分を減らせとか、お墓を守って法事もやるのだから、その負担の分だけ相続分を増やせといった争いも起こるようです。しかし、遺言のない場合の法定相続では、どちらの言い分も認められません。それゆえに遺言をして、お墓や仏具・仏壇など祭祀財産を守り、供養を行なってくれる子（**祭祀承継者**）に相続財産を多く残し、きちんと祭祀を行なわせるようにしておくことが必要になります。遺産だけ受け取って墓参りも法要もしないようなことのないよう、お寺のお坊さんなどを**遺言執行者**に指定しておくのがベターだと思いますが。

【祭祀承継者に遺産を多く残す遺言書のサンプル】

遺　言　書

1．私は、甲野家に代々伝わる由緒ある墓地、仏壇等の祭祀財産を、長女の乙山夏子に承継させる。
2．乙山夏子には、お墓を守り、先祖の供養に努めること、そのために要する費用をも考慮して、全遺産の３分の１を相続させる。
3．遺言執行者として○○寺の住職○○禅師を指定する。

令和○年○月○日

甲野太郎　㊞

◆誰に祭祀財産を承継させるかは、法定相続の優先順位とは関係ありません。被相続人が直接指定しても、遺言で指定してもよく、指定された者が承継者となります。
◆承継者の指定がないと、その地方の慣習で決まり、慣習もない場合は家庭裁判所に決めてもらいます。

作成のポイント

祭祀財産は相続財産には含まれませんから遺留分の配慮は不要です。

相続人ではない人に祭祀財産を渡して死後の供養を頼みたいのですが……

20 「負担つき遺贈」が可能ですが、放棄もできるので、事前の話合いが大切です。

Q 私は3年前に妻を亡くし、子どももいません。兄弟姉妹は遠方に住んでおり、墓参りにも来ません。私の死後、墓参りや供養をしてくれる人がいないので、困っています。そこで、世話になっており、近所に住んでいる天川さんに、私の遺産も祭祀財産も全部遺贈し、死後の供養を頼みたいのですが……。

A あなたの願いは遺言によってかなえることができます。まず、祭祀財産の承継者は、被相続人であるあなたの指定で決めることができます。相続人や親族でなくてもかまいません。これは口頭でも遺言によってでも指定できます。次に、遺言で全財産を天川という方に遺贈しても、法定相続人となる兄弟姉妹には遺留分がないので問題は生じません。問題があるとすれば、天川さんが、あなたの依頼を引き受けてくれるかどうかです。これは誠意をもって頼んでみるしか方法はありません。

【条件をつけて全遺産を相続させる遺言書のサンプル】

遺　言　書

私は自分の死期も遠からぬものと思い、次の通り遺言を残す。

長年付合いの深い天川五郎氏に、わが家の祭祀財産を託して供養をお願いし、これを引き受けてもらえた場合には、私の所有する全遺産を同氏に遺贈するものとする。なお、遺言執行者には、○○市○○町○番地の弁護士　○○○氏を指定する。

令和○年○月○日

甲野太郎　㊞

◆あなたから遺産はもらうものの、供養はないがしろにするというのでは、あなたの霊も浮かばれないことになります。そんなことが起きないよう、生前に天川さんとキチンとした話合いをして、依頼を引き受けてもらっておくことが不可欠です。

作成のポイント あとになって天川さんと相続人がモメないよう、兄弟姉妹にはキチンと話を通しておきましょう。

私にかわって愛猫を育ててくれる人に遺産の一部を譲りたいのですが…

21 遺言で負担付き遺贈をする方法と生前に負担付き死因贈与契約を結ぶ方法があります。

Q 私には身寄りがなく、愛猫のリリーだけが心の支えです。このごろ私は寝こむことが多くなり、私が死んだあとのリリーのことが心配でなりません。私の死後は誰かに引き取ってもらい、かわりに遺産を差し上げたいのですが。

A 法律の話をする前に、リリーのことを考えてみましょう。リリーを引き取ってくれる人がいても、本当に愛情をもって世話をしてくれるのかどうか。単に引取り手が見つかればいいというものではなく、猫が好きで、親身に世話をしてくれる人なのかどうかが一番の問題です。法律的なことを言うと、これは遺言で「**負担つき遺贈**」をすることになります。負担とはリリーの飼育です。また、生前に「**負担つき死因贈与契約**」を結ぶ方法も考えられます。こちらは契約書に、飼育する際の注意点などを書いておくこともできます。

【愛猫を引き取ることを条件にした遺言書のサンプル】

遺　言　書

　私は、愛する猫のリリーのために、以下のような遺言をします。

1．猫のリリーを引き取ってくれる人に、葬式代等を除いた相続財産を遺贈します。条件は、リリーを心から可愛がって、その命を全うさせていただくことです。

2．この遺言を実行してもらうため、愛猫仲間の弁護士春野すみれさんを遺言執行者に指定します。

　令和○年○月○日

甲野春子　㊞

◆心配なのは、遺産を受け取ったあとで、猫を虐待する、あるいは虐待はしないまでも放置して野良猫にしてしまうなどのことが起こらないかです。そのためには、遺言執行者を決め、月に１度程度はリリーの様子を見てもらうように頼んでおくことです。

作成のポイント　遺贈を受けた人が本当に世話してくれているかどうか遺言執行者を決めればチェックしてもらうことができます。

老人の私を虐待した息子を許せないので相続人から廃除したいのですが…

22 廃除は遺言でもできますが、遺言執行者に家裁に申し立ててもらわないといけません。

Q 遊んでばかりいて働かない息子に注意したところ、いきなり殴る、蹴るの暴力をふるいはじめ、私は腕を骨折しました。こんな息子には相続させたくないので、遺言で相続人から廃除したいのですが……。

A 息子が親に対して暴力を振るう、重大な侮辱を加える、あるいは著しい非行がある場合には、親は息子（推定相続人）から相続権を奪うことができます。これが「**推定相続人の廃除**」の制度で、家庭裁判所に申し立てて、審判によって決めてもらいます。この「廃除」は遺言ですることもできますが、その場合には、遺言執行者が廃除の申立人になります。**審判の結果、廃除が確定すると、推定相続人は相続権も遺留分権も失います**。ただ、のちに改心したなら、親は廃除の取消しを家庭裁判所に請求することができます。

【虐待した息子を相続人から廃除する遺言書のサンプル】

遺　言　書

私の財産は次の通り相続させる。

1．財産は、妻の花子に２分の１、長男次郎と長女桜子に残りの２分の１を平等に相続させる。

2．次男の三郎については、私に暴力を振るい、腕を骨折させるなどした上、非行が改まらないので、相続人廃除の請求をすることを求める。

3．遺言執行者として次の者を指名する。

都道府県市区町村番地　弁護士　富士野太郎

令和○年○月○日

甲野太郎　㊞

◆一般に遺言書では遺言執行者を指定しても指定しなくてもいいのですが、廃除の請求をする場合には、必ず遺言執行者を指定しなければなりません。遺言執行者は、家庭裁判所に対して推定相続人の廃除の申立てをします。この場合には、弁護士を遺言執行者にするのがいいでしょう。

作成のポイント

廃除が確定すると、廃除の効力は被相続人の死亡時に遡ります。

多額の借金があるので相続放棄をしてほしいのですが…

23 相続放棄をするように遺言することは可能ですが、強制力はありません。

Q 私は事業に失敗して、多額の借金を抱えてしまいました。このまま死亡すれば、相続人が相続放棄をしない限り、私の借金を背負うことになります。そんなことにならないよう、相続放棄をするようにとの遺言をしたいのですが、どのようにすればよいでしょう。

A 遺言で「相続人は相続放棄をすること」と記載しても、相続放棄は相続人各人の自由であって、遺言に従わなければならないというわけではありません。しかし、借金や保証など「マイナスの財産」があれば、相続人に伝えておくことは大切なことです（遺言ではなく、メモ程度のものでもかまわないでしょうが）。相続の放棄は、相続の開始を知った日から３か月以内に家庭裁判所に申し立ててする必要があります。相続放棄をすると、ほかの相続人にその分の借金が相続されるので、遺言者もその点を考慮する必要があります。

【相続放棄をするように記載した遺言書のサンプル】

遺　言　書

私は、次のとおり遺言する。

1．私には財産はなく、多額の借金があるので、相続人は相続放棄をすること。

2．妻花子については、受取人を甲野花子として○○生命保険に加入しているので、死亡保険金を請求し受け取ること。

令和○年○月○日

甲野一郎　㊞

◆相続の放棄をする・しないは相続人の自由ですが、あえてこうした内容の記載を残すのもよいでしょう。

◆生命保険の死亡保険金については、特段の事情がない限り相続財産にあたらないとするのが判例です。したがって、相続放棄をしても、保険金は請求することができます。

作成のポイント

「相続放棄するように」と遺言に記載しても効力なし。ただし、相続人に意向を伝える意味はあります。

遺産が２億円ほどあるので税金の支払いが心配ですが…

24 相続税の控除や特例を活用すると、課税されなかったり、少額ですみます。

Q 私には約２億円の財産がありますが、ほとんどが不動産で、預貯金はあまりありません。こうした資産状況で、相続となれば相続した人が不動産を売却せずに相続税が払えるかどうか心配です。相続人は妻と子２人です。どのような遺言によ相続税対策があるか教えてください。

A 相続税の基礎控除額は、**3000万円＋（法定相続人数×600万円）**です。あなたの場合、相続人は３人ですので、基礎控除の額は4800万円です。また、**妻は１億6000万円、または法定相続分の額のうち多い方の額までの相続は非課税**です。この組合せによって非課税とすることができます。たとえば、あなたの妻に財産の全額を相続させれば、相続税は課税されません。

【計算式】 ２億円（遺産の総額）－4800万円（基礎控除）
＝１億5200万円……この額に対して課税されますが、妻が全額を相続すれば相続税はゼロ（１億6000万円まで非課税）

【妻の相続額を多くした相続税対策の遺言書のサンプル】

遺　言　書

私は、次のとおり遺言する。

1．私には約２億円の遺産があるが、妻花子には遺産の10分の８を相続させる。

2．長男一郎、長女花子については、各10分の１ずつ相続させる。

令和○年○月○日

甲野一郎　㊞

◆遺産が２億円の場合、妻の相続額が１億6000万円までなら妻に相続税はかかりません。

◆子には相続税がかかりますが、妻（彼らの母親）の非課税わくを目一杯活用することにより、全体の相続税額は最小となります。

作成のポイント

税金対策は、基礎控除と、相続税の配偶者軽減特例などを活用しましょう。

■巻末資料■

生前贈与や遺言についての相談先と解決法

★生前贈与や遺言は、他人にはなかなか相談しづらいものです。しかし、わからないままにすると、とんでもない間違いをおかしてトラブルの元ともなりかねません。弁護士などの専門家には守秘義務もありますので、おおいに活用してください。

●自治体の法律相談室

各地の自治体には、住民サービスの一環として法律相談室などが設けられています。相談は無料で、弁護士などの専門家が相談に応じています。ただし、相談に対する回答は一般的なものが多く、トラブル解決のための手続等をしてくれるものでもありません。生前贈与や遺言で、アドバイスを求めるにはよいでしょう。

▶連絡先⇒都道府県庁・市区町村役場

●法律相談センター

法律相談センターは各地の弁護士会にあります。相談には同会所属の弁護士があたり、有料で30分5500円（消費税込み）です。時間も限られていますので、事前に連絡して、相談内容をメモし必要な資料等を用意して行くとよいでしょう。

▶各地の弁護士会（次ページ参照）

●公証役場の遺言相談

公正証書遺言を作成しようと思ったら、公証役場（どこでもよい）で相談するとよいでしょう。遺言には本人が書く自筆証書遺言もありますが、形式や内容で死亡後に問題となる場合も多く、公証人に頼んで公正証書遺言にしておくと安心です。どのような内容の遺言にするかなどの打合わせもできます。

▶連絡先⇒公証（人）役場

●税務署の電話相談センター

税務相談については、電話相談センターで集中的に受けつけています。最寄りの税務署に電話をし、音声案内に従って操作すると、相談内容に応じた相談担当者につながるシステムとなっています。

相続税や贈与税については、事前の対策により非課税となる場合や減額される場合もありますので、事前に相談することが重要です。

▶連絡先⇒最寄りの税務署に電話

なお、各地の税理士会でも贈与税や相続税などの税務相談に応じています。

●信託協会の信託相談所

信託協会の信託相談所では、信託に関するさまざまな照会や相談に応じています。信託による特定贈与信託（重度の障害者の生活費や医療費等に当てるための信託）や遺言信託の相談もあります。

▶連絡先⇒０１２０－８１７－３３５

●法テラス（日本司法支援センター）

法テラスは紛争を解決する機関ではありませんが、相談先や紛争解決手続きなどについて教えてくれます。どこに相談すればよいかわからないときなどに電話をするとよいでしょう。

▶連絡先⇒０５７０－０７８３７４

◆全国の弁護士会の所在地・連絡先一らん

★ひまわりお悩み110番　☎0570-783-110（近くの弁護士会につながります）

	名　称	住　所	電話番号
北海道	札　幌	〒060-0001　札幌市中央区北一条西10丁目札幌弁護士会館7階	011-281-2428
	函　館	〒040-0031　函館市上新川町1-3	0138-41-0232
	旭　川	〒070-0901　旭川市花咲町4	0166-51-9527
	釧　路	〒085-0824　釧路市柏木町4番3号	0154-41-0214
東北	仙　台	〒980-0811　仙台市青葉区一番町2-9-18	022-223-1001
	福島県	〒960-8115　福島市山下町4-24	024-534-2334
	山形県	〒990-0042　山形市七日町2-7-10 NANA BEANS8階	023-622-2234
	岩　手	〒020-0022　盛岡市大通り1-2-1 サンビル2階	019-651-5095
	秋　田	〒010-0951　秋田市山王6-2-7	018-862-3770
	青森県	〒030-0861　青森市長島1丁目3番1号　日赤ビル5階	017-777-7285
関東	東　京	〒100-0013　千代田区霞が関1-1-3	03-3581-2201
	第一東京	〒100-0013　千代田区霞が関1-1-3	03-3595-8585
	第二東京	〒100-0013　千代田区霞が関1-1-303-3581-2255	03-3581-2255
	横　浜	〒231-0021　横浜市中区日本大通9	045-201-1881
	埼　玉	〒336-0063　さいたま市浦和区高砂4-2-1　浦和高砂パークハウス1階	048-863-5255
	千葉県	〒260-0013　千葉市中央区中央4-13-9	043-227-8431
	茨城県	〒310-0062　水戸市大町2-2-75	029-221-3501
	栃木県	〒320-0845　宇都宮市明保野町1-6	028-689-9000
	群　馬	〒371-0026　前橋市大手町3-6-6	027-233-4804
	静岡県	〒420-0853　静岡市葵区追手町10-80	054-252-0008
	山梨県	〒400-0032　甲府市中央1-8-7	055-235-7202
	長野県	〒380-0872　長野市妻科432	026-232-2104
	新潟県	〒951-8126　新潟市中央区学校町通一番町1	025-222-5533
中部	愛知県	〒460-0001　名古屋市中区三の丸1-4-2	052-203-1651
	三　重	〒514-0032　津市中央3-23	059-228-2232
	岐阜県	〒500-8811　岐阜市端詰町22	058-265-0020
	福　井	〒910-0004　福井市宝永4-3-1　サクラNビル7階	0776-23-5255
	金　沢	〒920-0937　金沢市丸の内7-36	076-221-0242
	富山県	〒930-0076　富山市長柄町3-4-1	076-421-4811
近畿	大　阪	〒530-0047　大阪市北区西天満1-12-5　（案内）	06-6364-0251
	京　都	〒604-0971　京都市中京区富小路通丸太町下ル　（相談）	075-231-2378
	兵庫県	〒650-0016　神戸市中央区橘通1-4-3	078-341-7061
	奈　良	〒630-8237　奈良市中筋町22番地の1	0742-22-2035
	滋　賀	〒520-0051　大津市梅林1-3-3	077-522-2013
	和歌山	〒640-8144　和歌山市四番丁5番地	073-422-4580
中国	広　島	〒730-0012　広島市中区上八丁堀2-73	082-228-0230
	山口県	〒753-0045　山口市黄金町2-15	083-922-0087
	岡　山	〒700-0807　岡山市北区南方1丁目8番29号	086-223-4401
	鳥取県	〒680-0011　鳥取市東町2-221	0857-22-3912
	島根県	〒690-0886　松江市母衣町55番地4 松江商工会議所ビル7階	0852-21-3225
四国	香川県	〒760-0033　高松市丸の内2-22	087-822-3693
	徳　島	〒770-0855　徳島市新蔵町1-31	088-652-5768
	高　知	〒780-0928　高知市越前町1-5-7	088-872-0324
	愛　媛	〒790-0003　松山市三番町4丁目8番地8	089-941-6279
九州	福岡県	〒810-0044　福岡市中央区六本松4-2-5	092-741-6416
	佐賀県	〒840-0833　佐賀市中の小路7-19	0952-24-3411
	長崎県	〒850-0875　長崎市栄町1-25長崎MSビル4階	095-824-3903
	大分県	〒870-0047　大分市中島西1-3-14	097-536-1458
	熊本県	〒860-0078　熊本市中央区京町1-13-11	096-325-0913
	鹿児島県	〒892-0815　鹿児島市易居町2-3	099-226-3765
	宮崎県	〒880-0803　宮崎市旭1-8-45	0985-22-2466
	沖　縄	〒900-0014　那覇市松尾2-2-26-6	098-865-3737

〔監修者紹介〕

弁護士　國部　　徹（くにべ　とおる）

昭和35年12月9日生。東京大学法学部卒。弁護士（東京弁護士会所属）。一般民事・家事事件をはじめ、労働事件や倒産事件、刑事事件など日常の出来事全般を取り扱う。

〔著者紹介〕

内海　　徹（うつみ・とおる）

昭和16年、宮崎県に生まれる。早稲田大学法学部卒業。法律ジャーナリスト。著書に『債権回収のことならこの1冊（共著）』『生活実用法律事典（共著）』（以上、自由国民社）などがある。

真田　親義（さなだ・ちかよし）

昭和24年、熊本県生まれ。熊本大学法学部卒業。㈲生活と法律研究所所長。著書に『自己破産・借金完全整理なんでも事典（共著）』『交通事故の示談交渉なんでも事典（共著）』『法律問題で困ったらこの1冊』（以上、自由国民社）などがある。

まるごとわかる・遺言と生前贈与

2020年8月13日　第4版第1刷発行

監修者　國部　徹
著　者　内海　徹
　　　　真田　親義
発行者　伊藤　滋
DTP制作　㈲中央制作社
印刷所　大日本印刷株式会社
製本所　新風製本株式会社

発行所　㈱自由国民社

〒171-0033　東京都豊島区高田3-10-11
TEL〔販売〕03(6233)0781〔編集〕03(6233)0786
http://www.jiyu.co.jp